Ilona Friederici

L(i)ebe dein perfekt unperfektes Leben

Deine Mutmacherin

Ilona Friederici

# L(i)ebe dein perfekt unperfektes Leben

Silberschnur Verlag

MIX
Paper from responsible sources
FSC® C004378



ISBN: 978-3-89845-663-0
1. Auflage 2021
Lektorat: Birgit Rentz
Illustrator der Bilder auf Seite 123 und 188: Fred Fuchs

Gestaltung & Satz: XPresentation, Güllesheim
Umschlaggestaltung: XPresentation, Güllesheim; unter Verwendung eines Motivs von © Velychko Viktoriia; www.shutterstock.com
Druck: PB Tisk, a.s. Czech Republic

Verlag »Die Silberschnur« GmbH · Steinstr. 1 · 56593 Güllesheim
www.silberschnur.de · E-Mail: info@silberschnur.de

# INHALT

Dieses Buch ist in Liebe meinen Kindern
Nina und Pascal gewidmet.

# Prolog

Hallo du – ja du, lieber Leser.

Bist du auch ein Mensch? Jemand, der mal Fehler machen darf? Der menschelt, wie ich es nenne? Jemand, der sich schon öfter geirrt und auch mal falsche Entscheidungen getroffen hat, der schon mal auf die Nase gefallen und wieder aufgestanden ist, sich zurechtgezupft hat und dann weitergegangen ist? Der einen Weg auch ein zweites Mal gegangen ist, weil er nicht aufgeben oder einsehen wollte, dass der zuvor beschrittene Weg der falsche war? Oder bist du jemand, der einen anderen, vielleicht ganz neuen Weg geht?

Bist du so schön unperfekt wie ich? Dann herzlich willkommen!

Als Kinder haben wir alle danach gestrebt, die Welt zu entdecken, und dabei unter anderem erst einmal laufen gelernt. Unermüdlich haben wir uns an der Tischkante hochgezogen – oder am Knie der Mama. Oder wir haben uns an anderen vertrauten Personen festgehalten. Wir haben nicht aufgegeben, bis wir endlich auf den Füßen standen und langsam vorwärtsgewackelt sind. Wie oft sind wir wieder hingefallen und ein weiteres Mal aufgestanden, bis wir es geschafft haben, wirklich standfest auf unseren Füßen zu stehen und zu gehen? Festen Fußes, so wie heute. Zweifel gab es nicht. Wir wussten einfach: »Wir schaffen das!« Aufgeben kam uns gar nicht in den Sinn. Und wie viele von diesen kleinen, etwa einjährigen Kindern haben am Ende laufen gelernt und wie viele nicht?

Ging es uns nicht ähnlich beim Sprechenlernen?

Und heute? Heute als erwachsene Menschen. Warum zweifeln wir immer wieder daran, dass wir dies oder jenes schaffen könnten? Wo ist unser Urvertrauen geblieben, wo oder wann haben wir es verloren? Wo hat es sich versteckt?

Es ist nicht weg, es schlummert in uns und möchte wieder geweckt werden. Davon bin ich überzeugt. Vielleicht ist es nur zugedeckt von Sätzen wie »Du schaffst das nicht!«, »Das darfst du nicht!«, »So was macht man nicht!« oder, oder, oder. Zugeschüttet von vielleicht gut gemeinten Worten unserer liebsten Menschen, die uns helfen, beschützen und behüten wollten. Aber weg ist das Urvertrauen nicht, nur gut verborgen hinter vielen Kartons von Lebenserfahrungen, hinter Kisten von Ratschlägen und Gefühlen in unserem »Keller«, dem Unterbewusstsein.

Hast du Lust, mal wieder in diesen »Kellerraum« zu gehen, bewaffnet mit einem Staubwedel, und einen Blick zwischen und vielleicht sogar hinter deine Kartons und Kisten zu werfen?

Magst du mal schauen, ob du allein bist mit deiner Geschichte oder ob es vielleicht anderen ähnlich geht wie dir? Dann lade ich dich herzlich ein, mit mir und vielen anderen Menschen eine »Kellerreise«, wie ich sie liebevoll nenne, zu machen. In den Raum des »Menschelns« einzutauchen und einfach mal einen Blick auf die Schönheit von Unperfektionismus, Mut und Zuversicht zu werfen.

Aber Achtung: An der einen oder anderen Stelle kann es provokant sein und vielleicht dein Denken und Handeln verändern!

Zum Schutze einzelner Personen wurden hier Namen und Orte verändert, aber das, was dahintersteckt, hat sich dadurch nicht geändert.

Eine Bitte habe ich noch: Lass dir Zeit beim Lesen. Vielleicht lässt du jede Geschichte erst einmal kurz auf dich wirken, bevor du weiterliest. Jede eventuell mal gelernte Schnelllesetechnik wird hier nicht gebraucht. Lies mit dem Herzen. Lass dich berühren. Und vielleicht fragst du dich: Was macht die Geschichte gerade mit mir? Egal welches Gefühl oder welche Empfindung bei dir hochkommen mag, sie ist immer richtig.

Und sollte eine Geschichte dich an jemanden erinnern, dann erzähle sie gerne dieser Person. Das verstärkt die erhoffte Wirkung dieses Buches vielleicht sogar noch.

Viel Spaß bei der Kellerreise hinter Kartons und Kisten!

# So fing alles an

Wenn ich Zeit am Meer verbringe, dann sehr gerne am langen Sandstrand der Lübecker Bucht, wo die See relativ ruhig und entspannt ist. Ich höre dort die Wellen leise rauschen, und das klare Wasser spült in sanften Wellen an den Strand. Möwen unterhalten sich und die Sonne scheint mir bei strahlend blauem Himmel ins Gesicht und wärmt sanft meine Haut. Gleichzeitig weht eine leichte Brise von der See her und fährt durch mein Haar. Was für ein friedlicher Ort!

Besonders in der kälteren Jahreszeit zieht es mich hierher. Trotz der nicht mehr ganz so warmen Temperaturen laufen zwei Frauen mit dicker Winterjacke, aber nackten Füßen am flach auflaufenden Wasser entlang. Die natürliche Stille, nur unterbrochen von Kinderlachen, ist einfach schön. Einige Kinder buddeln mit ihren Vätern einen langen Priel vom Wasser bis hinauf zu einer traumhaften Sandburg, die mit Muscheln und Algen verziert ist. Ich wandere ein paar Kilometer am Ufer entlang, genieße die Atmosphäre und sauge die frische Luft in mich auf. Ich liebe es, hier zu sein. Meist stehe ich, wenn ich hier bin, schon früh auf, um gerade die morgendliche Stille am Meer zu genießen, die besondere Ruhe, bevor all die Touristen den Strand wieder füllen. Ich setze mich zum Meditieren in den Sand oder nehme meine Gitarre mit und spiele für die mich besuchenden Möwen und mich ein paar ruhige Klänge. Heute jedoch schreibe ich hier an meinem Buch.

Vor ein paar Jahren fuhr ich mit meinem Freund für ein paar Tage an die Ostsee, um auszuspannen, mal ein paar Tage Abstand vom Alltag zu haben. Die Weihnachtstage lagen gerade hinter uns und wir wollten an diesem besonderen Ort die Tage bis zum neuen Jahr verbringen. Diesmal hatte ich meinen Laptop mit im Gepäck, weil ich noch eine Kleinigkeit zu erledigen hatte.

Als wir ankamen, packten wir wie gewohnt unsere Koffer aus, tranken in Ruhe einen Tee und aßen das mitgebrachte Stück Kuchen. Merkwürdigerweise zog es mich, im Gegensatz zu sonst, nicht gleich an den Strand. Stattdessen packte ich meinen kleinen Laptop aus und erledigte kurz, was noch zu tun war. Das brauchte wohl so zehn bis fünfzehn Minuten. Doch statt danach den Deckel zuzuklappen, öffnete ich eine neue Datei. Getrieben von dem Gefühl, ich sollte ein paar Gedanken loswerden, die mir seit einigen Tagen durch den Kopf gingen, begann ich zu schreiben. Vielleicht bekam ich sie so aus meinem Kopf. Nach einiger Zeit fragte mich mein Freund, ob wir zum Strand gehen wollten. »Ich würde gerne nur kurz ein paar Gedanken aufschreiben, dann bin ich so weit«, antwortete ich und schrieb weiter. Etwas später fragte er noch mal: »Wollten wir nicht zum Strand?« Eigentlich war das immer mein Part zu fragen, ob wir an den Strand wollten. Ich liebte die Natur und hier besonders den Strand. Ich liebte es, Stunden an der frischen Luft zu verbringen. Etwas verdutzt schaute ich ihn an und meinte nur: »Ja, wie gesagt, ich möchte nur eben diesen Gedanken niederschreiben, und dann können wir sofort los.« Als mein Freund erwiderte: »Sofort? Das war schon vor über zwei Stunden!«, blickte ich irritiert auf die Uhr. Wir schmunzelten beide. »Ups!«

Kurz gesagt: An diesem Tag ging ich nicht mehr an den Strand, denn ich konnte nicht aufhören zu schreiben. Immer mehr Worte und Gedanken flossen aus mir heraus. Sie kamen einfach und bahnten sich ihren Weg über die Tastatur auf den Rechner. Dies ging dann auch noch die nächsten Tage so weiter. Ich fand einfach kein Ende. Immer neue Sätze sprudelten durch meinen Kopf und aus mir heraus. Das erinnerte mich an meine Kinderzeit, in der ich oft Geschichten aufgeschrieben hatte, damals jedoch auf Papier. So vergingen die Tage, und heute danke ich meinem Freund für seine Geduld mit mir. Schließlich entstand in diesen Tagen mein erstes Buch, das ich drei Jahre später veröffentlicht habe.

Warum erst drei Jahre später? Na ja, ich hatte zwar all die vielen Worte in den Rechner getippt, aber ich wusste nicht wirklich, warum. Und so kam es, dass sie dort für eine lange Zeit schlummerten. Ich fragte mich natürlich ein paarmal selbst, warum das so passiert war, hatte aber daraufhin nichts unternommen. Als ich nach einiger Zeit im Freundeskreis davon erzählte, wurde ich gefragt, ob man es mal lesen dürfe. Zunächst mochte ich diesen Gedanken nicht so gern, aber am Ende gab ich der Bitte einer Freundin nach und ließ sie das Geschriebene lesen. Sie war begeistert und meinte, ich solle es veröffentlichen. Aber wie das immer so ist mit dem eigenen Mut und dem Anspruch an sich selbst: Also nein, dachte ich, für die Öffentlichkeit ist das doch nicht gut genug. Ich fragte mich: Und wie soll das überhaupt gehen? Wer druckt so etwas? Außerdem kostet das doch bestimmt sehr viel! Nein, mit so etwas kannte ich mich nicht aus.

Und so schlummerten die Zeilen friedlich auf meinem Rechner.

Zwei Jahre später passierte etwas, was mich sehr bewegte und berührte. Die oben erwähnte Freundin kam aufgrund einer starken Lebenskrise unter anderem in eine depressive Phase. Es war eine sehr schwere Zeit für sie. Als Freundin versuchte ich, für sie da zu sein, ihr Mut zu machen, ihre Hand zu halten und sie durch diese Phase zu begleiten. Das tat ich dann auch, so gut ich konnte. Nach dieser schwierigen Phase stand sie zum Glück wieder voll auf den Füßen und wurde zu der alten, lebensbejahenden Person, die ich kannte. Das war so schön zu sehen!

Viele Monate nach dieser turbulenten Zeit nahm mich meine Freundin beiseite und offenbarte mir: »Ilona, weißt du eigentlich, was mich aus dieser schwierigen depressiven Phase mit herausgeholt hat? Es war dein Buch. Dein Buch hat mir so sehr geholfen, den Weg zurück ins Leben zu finden und zu gehen.« Mir liefen die Tränen, als ich das hörte, so gerührt war ich. Blitzartig wurde mir jetzt bewusst, warum ich mehr als zwei Jahre zuvor tagelang geschrieben hatte, ohne aufhören zu können. Jetzt ergab es einen Sinn. Alles im Leben hat ja einen Sinn, und nun kannte ich auch den Sinn, der hinter meinem Schreiben steckte.

Einige Zeit später lasen auch eine andere Freundin und meine Tochter dieses Buch und gaben mir ein ähnliches Feedback. Da wurde mir klar: Egal, was es kostet, das Buch will und soll gedruckt und unter die Menschen gebracht werden! Und ich packte mein erstes Buchprojekt an. Zunächst begann ich zu zeichnen, was ich auch schon so lange nicht mehr getan hatte. Zu jedem Kapitel sollte es ein Bild geben. Ich entdeckte meine kreative Ader wieder neu und fing dann mit Spaß und Freude an, die Zeilen in ein geeignetes Format zu bringen. Ich hatte immer noch keine Ahnung, wie man aus dem Geschriebenen ein Buch machte, geschweige denn, wie man es veröffentlichte und wie es zu den Menschen gelangen konnte, denen es vielleicht guttat.

Aber ich machte einfach weiter, erzählte im Freundeskreis von meinem Vorhaben und sprach darüber mit den Kollegen. Und so kam alles ins Rollen. Immer mehr Menschen tauchten auf, die mich unterstützten – Hilfe war überall da. Und wenn ich ehrlich bin: Sie waren vorher schon da gewesen, ich hatte es nur nicht wahrgenommen. Ich stellte fest, dass ich seit Jahren nicht mehr darüber gesprochen hatte, wie gerne ich früher schon Geschichten und anderes geschrieben hatte. Ich hatte diese Leidenschaft irgendwie verdrängt und war plötzlich glücklich, mich daran erinnert zu haben. Und wie es so oft im Leben ist:

Wenn man anfängt, sich mit seinen Träumen und Wünschen auseinanderzusetzen, dann kommt die Vorsehung in Gang. Es passieren die unglaublichsten Dinge.

Das wusste auch schon Johann Wolfgang von Goethe:

*In dem Augenblick, in dem man sich endgültig einer Aufgabe verschreibt, bewegt sich die Vorsehung auch. Alle möglichen Dinge, die sonst nie geschehen wären, geschehen, um einem zu helfen. Ein ganzer Strom von Ereignissen wird in Gang gesetzt durch die Entscheidung, und er sorgt zu den eigenen Gunsten für zahlreiche und unvorhergesehene Zufälle, Begegnungen und materielle Hilfen, die sich kein Mensch vorher so erträumt haben könnte. Was immer du kannst, beginne es. Beginne es jetzt.*

Ich weiß nicht, wie das passiert, aber ich habe immer wieder erlebt, dass es so ist.

# Rettende Engel

Es war ein sonniger Frühlingstag, so schön, wie die meisten Menschen hier zwischen Nord- und Ostsee ihn lieben. Die Natur war nach dem Winterschlaf wieder zum Leben erwacht und hatte sich in ein sattes, kräftiges und frisches Grün verwandelt. Ein leichter Wind, wie wir ihn oft bei uns im Norden haben, ließ die Blätter sich sacht bewegen. Die Sonne lachte am fast wolkenlosen blauen Himmel. All den Nachbarn, die wieder im Garten werkelten, war anzusehen, wie froh sie waren, dass die dunklere Jahreszeit vorbei war. Sie wirkten fröhlich und unterhielten sich über die Hecken und Zäune hinweg.

Auch ich saß im Garten, erfreute mich an den ersten bunten Knospen und Blüten und trank mit meiner Freundin genüsslich einen Tee. Mir wurde gerade mal wieder bewusst, wie gut ich es doch hatte. Ich hatte zurzeit absolut keine Sorgen, meine Familie war gesund und munter, wir hatten ein schönes Zuhause, und auch sonst ging es mir einfach nur gut. Das war aber nicht immer so gewesen, daran wurde ich an diesem Nachmittag erinnert. Es hatte eine Zeit gegeben, in der ich nicht wusste, wie ich am nächsten Tag das Brot für meine Kinder und mich auf den Tisch bekommen sollte.

Meine Freundin, mit der ich meinen selbst gebackenen Apfelkuchen genoss, war bedrückt. Sie hatte vor einiger Zeit einige Schicksalsschläge hinnehmen müssen, hatte dann auch noch ihren Arbeitsplatz verloren. Jetzt belasteten sie obendrein finanzielle Probleme. Ich wollte ihr so gerne helfen, sie unterstützen und ihr unter die Arme greifen. Ich sah doch ihren hängenden Kopf, erkannte in ihm die Schicksalsschläge des letzten Jahres und wie verzweifelt meine Freundin war. Es war einfach gerade alles zu viel für sie. Um wenigstens ihre finanziellen Sorgen etwas zu lindern, wollte ich ihr am liebsten einfach einen Umschlag mit Geld in die Hand drücken und ihr sagen: »Hier, nimm, ich brauche das gerade nicht.« Aber ich wusste, wie sie sich fühlte. Kannte sie zu genau nach all den Jahrzehnten, wusste, dass sie sich schämen würde, von mir Geld anzunehmen, und dass sie das nie zulassen konnte. Ich konnte mich so gut in sie hineinversetzen, da auch ich nicht so gut im Nehmen bin. Es war früher schon so: Das Geben war uns beiden immer leichtergefallen als das Nehmen.

Darum gab ich mir an diesem Tag einen Ruck und bat sie: »Nimm mir bitte nicht die Freude, eine Freude zu machen und dir zu helfen. Bitte!« Dann begann ich zu erzählen. Ich sprach von der Zeit, in der das Schicksal bei mir knallhart zugeschlagen hatte. Als ich den Mann verloren hatte und plötzlich mit meinen damals noch kleinen Kindern allein dastand. Als dann an meinem Arbeitsplatz allen Mitarbeitern auch noch die Stunden gekürzt wurden und ich nicht wusste, wie ich unsere Kosten tragen sollte. Dann waren unter anderem noch gleichzeitig Kühlschrank, Waschmaschine und Herd kaputtgegangen.

Ich erzählte ihr von »meinen rettenden Engeln«. Damals hatte auch ich nicht allein dagestanden. Und was das Besondere war: Mich unterstützten Menschen, die eigentlich nichts mit mir zu tun hatten, mit denen ich weder verwandt noch eng befreundet war. Mir liehen Menschen Geld, ohne zu wissen, ob ich es jemals in meinem Leben zurückzahlen konnte. Menschen, die so selbstlos waren und uns im Gottvertrauen unterstützten. Für mich war es damals wie ein Segen. Diese Menschen halfen mir aus meinem Tief heraus und über die schlimmste Zeit hinweg, und dafür bin ich ihnen noch heute so dankbar. Im Gespräch mit meiner Freundin erinnerte ich mich daran, wie schwer es mir damals gefallen war, diese Hilfe anzunehmen. Für mich hatte es sich angefühlt, als sei ich denen etwas schuldig. Aber ich war in einer Situation gewesen, in der ich an meine Kinder denken musste und nicht anders konnte. Also versuchte ich, meiner Freundin deutlich zu machen, wie sehr ich sie und ihre Verzweiflung verstehen konnte, und wünschte mir, dass sie mir erlaubte, jetzt und hier für sie ein »rettender Engel« zu sein. Ich hoffte, dass sie meine Hilfe annahm und verstand, dass ich all das, was ich damals selbst hatte erfahren dürfen, nun gerne an sie weitergeben wollte.

Heute weiß ich, dass ich alles geben kann, weil ich immer gut versorgt sein werde. Und sollte ich doch noch einmal in Not geraten, dann wird auch für mich wieder irgendwo Hilfe da sein.

Ich bin dankbar, dass meine Freundin mein Geschenk angenommen hat. Und dass sie weiß, dass ich nichts dafür erwarte. Aber noch viel mehr bin ich dafür dankbar, dass ich damals diese Erfahrung machen durfte und es auch heute noch darf. Dankbar für die »rettenden Engel«.

Wenn du dich also gerade in einer schwierigen Lage befindest, dann wünsche ich dir das Vertrauen ins Leben. Das Vertrauen, dass alles wieder gut wird. Und dass wir einander alle mit Geben und Nehmen helfen können. Oftmals sieht man an solchen dunklen

Tagen kein Licht mehr – aber es kommt, und oft aus ganz unerwarteter Richtung.

*Egal, wie dunkel die Wolken heute sind,*
*es schaut ein Engel durch einen klitzekleinen Spalt*
*und schickt immer wieder*
*einen Lichtstrahl hindurch.*

# Wie lerne ich einen Menschen wirklich kennen?

Zum ersten Mal persönlich traf ich Jason in Norwegen – in Oslo. Er war Geschäftsführer in unserem internationalen Konzern und leitete die englische Niederlassung. Auf jedem Bild, das ich vorher von ihm gesehen hatte, wirkte er ernst und war immer in einen schicken Anzug gekleidet. Die Kollegen sagten, er sei ein sehr unnahbarer und strenger Chef und Geschäftspartner. Er war einige Jahre älter als ich und ich fühlte innerlich einen gewissen Respekt vor ihm. Vielleicht auch, weil ich gehört hatte, dass er sein Unternehmen sehr erfolgreich und streng leitete und er im Unternehmen einen großen Einfluss hatte.

Bei Telefonkonferenzen hatte ich manchmal meine Schwierigkeiten, ihn zu verstehen, besonders weil er sehr schnell und mit einem starken Akzent sprach.

Als ich ihn darauf einmal ansprach und ihn höflich bat, ob er etwas langsamer sprechen könne, tat er dies auch, doch schon nach wenigen Minuten fiel er wieder in seinen gewohnten Rhythmus zurück. Da er bereits seit Jahrzehnten im Unternehmen war, kannte er sich natürlich entsprechend gut aus. Er war vertraut mit der Branche und mir mit seinem Wissen um einiges voraus.

Aufgrund all der Aussagen der Kollegen und des oben genannten Wissens fieberte ich dem ersten persönlichen Treffen mit Jason und vier weiteren neuen Kollegen etwas aufgeregt entgegen. Rückblickend muss ich sagen, dass mein Selbstbewusstsein an diesen Tagen wohl keine große Lust gehabt hatte, morgens aufzustehen. Entsprechend verliefen die ersten Gespräche mit ihm zwar gut, gleichzeitig aber auch sehr sachlich und eher nüchtern. In diesen Tagen in Oslo wurden in der Gruppe Strategien erarbeitet und beschlossen, um das Unternehmen weiter voranzubringen. Persönliche Worte fielen aber kaum.

Bei den darauffolgenden Treffen, die von da an regelmäßig alle drei Monate stattfanden, war es ähnlich. Daten, Fakten und Aufträge wurden ausgetauscht, gemeinsame Strategien entwickelt und Beschlüsse gefasst, alles jedoch auf sachlicher Ebene. Nie wurde nach dem persönlichen Befinden des anderen gefragt, ebenso wenig wurde Privates ausgetauscht.

In Bezug auf Jason ging es meinen Kollegen lange Zeit genauso wie mir, somit machte ich mir keine allzu großen Gedanken. Aber innerlich hatte ich mir natürlich ein Bild von ihm gemacht, obwohl ich ganz genau wusste, dass ich ihn gar nicht wirklich kannte.

Dass ich ihn tatsächlich nicht kannte, wurde mir erst sehr viel später bewusst. Das erste Mal in einer Woche im Frühjahr, zwei Jahre nachdem ich Jason kennengelernt hatte. Wieder war unser Quartalstreffen geplant, diesmal in Amsterdam. Zwei Tage vor meinem Abflug stellte ich bei mir einen Knoten in der Brust fest. Meine Frauenärztin bestätigte mir das noch am selben Tag und überwies mich zur Mammographie. Natürlich bekam ich an dem Tag keinen Termin mehr, und so flog ich mit der Ungewissheit, ob es sich bei dem Knoten um ein bösartiges Geschwür handelte, zum Meeting. Vielleicht kannst du dir vorstellen, dass ich in dieser Zeit nicht mit meiner vollen Konzentration in der Runde saß und mir auch nicht unbedingt nach Lachen und Fröhlichkeit zumute war. Pflichtbewusst riss ich mich aber zusammen und gab mir Mühe, dem Meeting so gut wie möglich zu folgen.

Dass es mir nicht gut ging, muss Jason aufgefallen sein, aber er sagte zunächst nichts und wir arbeiteten zwei Tage lang fast durchgehend hart an unseren Themen. Erst am zweiten Abend fragte er mich vor dem Abendessen, ob ich später ein paar Minuten Zeit für ihn hätte. So setzten wir uns gemeinsam in die Bar und er fragte geradeheraus, ob mit mir alles okay sei. Zunächst zögerte ich, aber dann erzählte ich ihm doch von meiner Angst und dem Zweifel, ob alles gut werden würde. An diesem Abend sah ich zum ersten Mal den »echten Jason«. Nicht nur, dass er mir sehr tröstende, mitfühlende und aufmunternde Worte und Verständnis entgegenbrachte, nein, er erzählte auch von sich. Und plötzlich bekam ich ein ganz anderes Bild von diesem so streng und resolut wirkenden Kollegen. Er erzählte mir von seiner Frau, seinen Kindern und den Enkeln und auch von dem, was er in seiner knappen Freizeit so machte. Er vertraute mir an, dass seine Frau vor Jahren Brustkrebs gehabt hatte, sie aber wieder ganz gesund geworden war. Sicher kannst du dir vorstellen, dass der Abend noch sehr lang wurde.

Am nächsten Tag sah ich zwar wieder den ernst wirkenden Kollegen, der im Meeting sehr konstruktiv und sachlich agierte, aber ich sah auch den Menschen dahinter, und nun fiel es mir viel leichter, mit ihm umzugehen. Er war ein Mensch genau wie ich. Er war zwar ehrgeizig, aber auch hilfsbereit und kooperativ. Fortan traute ich mich gleich, ihm zu sagen, wenn er mal wieder zu schnell sprach, oder fragte sofort nach, wenn ich etwas nicht verstanden hatte. Und ich sagte ihm direkt, wenn ich einmal anderer Meinung war. Er war nicht mehr oder weniger als ich. Ich sah ihn als einen Kollegen auf Augenhöhe. Und er tat das umgekehrt auch. Von dem Zeitpunkt an arbeitete ich sehr gut und sehr gerne mit ihm zusammen.

Leider ist Jason zwischenzeitlich verstorben, aber ich erinnere mich noch immer sehr gerne an unsere gute und kooperative Zusammenarbeit.

Wenn man irgendwo in eine neue Gruppe kommt, dann heißt es oft: »Bitte stellt euch einmal vor.« Dann nennt jeder seinen Namen, vielleicht sein Alter und seinen Beruf.

Aber woran erkennt man einen Menschen wirklich? Was sagt uns der Beruf über den Menschen? Verrät er tatsächlich etwas über die Person, die diesen Beruf ausübt?

Ich persönlich denke: nein! Viel lieber würde ich fragen: Was sind deine Hobbys? Was packt deine Leidenschaft? Wo oder bei was verlierst du jedes Gefühl für Zeit und Raum? Ich denke, so erfahre ich viel mehr über einen Menschen. Vielleicht ist der Beruf ja nur ein Job, und der- oder diejenige verbindet nichts damit.

Oder ich würde fragen: Was machst du in deiner Freizeit, also in deiner freien Zeit? Oder vielleicht: Was würdest du in dieser Zeit gerne tun?

Meinst du nicht auch, dass man damit einiges mehr über die Person erfährt, was sie ausmacht, was in ihrem Herzen tickt und wofür es wirklich schlägt?

*»Welchen Tag haben wir?«, fragt der kleine Fritz.*
*»Es ist heute«, sagt die Mama.*
*»Das ist mein Lieblingstag!«, freut sich Fritz*
*und hüpft in die Höhe.*

# Bietet Geld Sicherheit?

Mit dem Wort »Sicherheit« verbinden viele Menschen Geld, Rentenversicherung, Vermögen oder Ähnliches.

Aber was gibt uns wirklich Sicherheit?

Im Jahr 2013 kam es zu einer Hochwasserkatastrophe, die besonders in Dresden schlimme Schäden verursachte. Tragische Bilder waren im Fernsehen zu sehen, aber es war auch von vielen Hilfsaktionen die Rede, und man sah Menschen wieder näher zusammenrücken.

Eine besondere Geschichte beeindruckte mich und ließ die oben genannte Frage noch mal aufkommen: Im Fernsehen war ein Mann zu sehen, der berichtete, dass er seine Ersparnisse bei den Banken nicht mehr in Sicherheit gesehen hatte. Deshalb hatte er sein ganzes Barvermögen in einer Kiste verstaut und diese zu Hause aufbewahrt. Während besagter Hochwasserkatastrophe waren viele Häuser und Autos unterspült worden. Dasselbe war auch ihm passiert. Und genau dabei war seine Kiste mit dem ganzen Geld davongeschwommen. Ja, die Fluten hatten sie einfach weggespült.

Diese Bilder im Fernsehen berührten mich sehr!

Bietet Geld also wirklich Sicherheit?

Sollen wir Geld horten, oder wäre es nicht vielleicht besser, es dorthin zu geben – es vielleicht auch einfach wegzugeben –, wo es gerade und in diesem Augenblick gebraucht wird?

Was wäre, wenn wir das alle so machen würden, alle Menschen auf der ganzen Welt?

Vielleicht ist das eine Frage, über die es sich lohnt nachzudenken.

# Honey

Gerne erinnere ich mich an unsere kleine Timmy. Timmy war eine weiße Katzendame mit grau-schwarzen Flecken. Sie war kein Kater, nein, eine Katzendame, auch wenn man dies dem Namen nach anders sehen könnte. Warum nennt man eine Katzendame »Timmy«?, magst du jetzt vielleicht denken. Berechtigte Frage. Auf einem Bauernhof in einem benachbarten Dorf hatten sich die Katzen damals ungewollt extrem vermehrt, sodass einige der Katzenbabys erschossen werden sollten. Als wir davon erfuhren, berührte uns das sehr, und mein Sohn suchte sich dort einen kleinen Kater aus, um ihm ein neues Zuhause zu geben und natürlich sein Leben zu retten. Er war, wie schon gesagt, weiß und hatte einige grau-schwarze Flecken. Weil die Katzenbabys noch zu jung waren, um von der Mutter getrennt zu werden, wurde dasjenige, das mein Sohn sich ausgesucht hatte, mit einem Kuhmarker gekennzeichnet und von meinem Sohn auf den Namen »Timmy« getauft.

Als ich nach ein paar Wochen auf den Hof kam, um Timmy abzuholen, kam er mir schon entgegen. Er schlich um meine Füße herum, ließ sich gleich von mir auf den Arm nehmen und streicheln. Was für eine nette Begrüßung! Weiße Katze mit grau-schwarzen Flecken, und der Kuhmarker war auch zu sehen. Das musste unser zukünftiger Mitbewohner Timmy sein. So verlief die Übergabe kurz, knapp und reibungslos und ich fuhr mit unserem neuen Familienmitglied nach Hause.

Als ich zu Hause angekommen war und mein Sohn gerade von der Schule zurückkam, verwirrte er mich damit, dass er geradeheraus sagte: »Das ist nicht die Katze, die ich mir ausgesucht habe. Die hat den einen Fleck viel höher am Kopf.« Hm, was sollte ich sagen? Damit hatte ich nicht gerechnet. Ich war sprachlos.

Als ich darauf bei dem Landwirt anrief, erklärte er mir mit etwas gedrückter Stimme, dass mein Sohn sich die Lieblingskatze seiner Tochter ausgesucht hätte. Und diese hatte dann, als sie hörte, dass wir Timmy abholen wollten, die Katze eingesperrt und stattdessen eine andere Katze gemarkert. Tja, so kamen wir zu unserer Katzendame namens Timmy. Diese lebte dann über siebzehn Jahre gesund und munter bei uns in der Kleinstadt und schien sich pudelwohl zu fühlen.

Sie vor einem Jahr gehen zu lassen, fiel uns nicht leicht. Aber irgendwann ist für jeden der Zeitpunkt gekommen, und so musste dann auch unsere Timmy gehen. Weinend begleiteten wir sie bis zur letzten Minute.

Danach wollte ich erst einmal kein Haustier mehr haben. Auch wenn ich unsere alte Katzendame vermisste, so war dennoch der Entschluss gefasst, und ich brachte alles, was noch brauchbar war, ins örtliche Tierheim.

Es verging fast ein Jahr, bis mich eine Freundin an einem schönen Sonntagnachmittag im Oktober anrief. Sie sagte: »Du, Ilona, du wolltest doch wieder eine Katze haben, oder?« Ich antwortete ihr sofort: »Nein, das möchte ich nicht.« Dann erzählte sie mir, dass sie, bedingt durch die Baustelle an der Bundesstraße, zwei Tage zuvor über eine Spurbahn in ein Nachbardorf gefahren war. Auf halber Strecke war ihr eine Katze vor das Auto gelaufen, war einfach mitten auf der Spurbahn stehen geblieben und hatte sich nicht mehr von der Stelle gerührt. Die Katze war völlig abgemagert, heruntergekommen und hatte pausenlos gemauzt. Ihr Fell war stumpf und verdreckt. Jedes Bemühen, die Katze von der Fahrbahn zu bekommen, scheiterte. In dem Moment, in dem meine Freundin, die kurz ausgestiegen war, die Beifahrertür aufmachte, um ihr Mobiltelefon herauszuholen, kletterte die Katze in Windeseile ins Auto und legte sich zitternd und bibbernd auf das Armaturenbrett, ohne mit dem wehleidigen Mauzen aufzuhören. Völlig verzweifelt, was sie nun tun sollte, rief meine Freundin das Tierheim an. Schon während des Gesprächs mit der dortigen Leiterin registrierte sie, dass sich die Katze zwar etwas beruhigt hatte, aber immer noch keinen Zentimeter vom Armaturenbrett weggerückt war.

Als sie mich anrief, war die kleine Katze seit zwei Tagen im Tierheim und man versuchte, die Eigentümer ausfindig zu machen – vergebens.

Ein paar Tage später überredete mich meine Freundin dann doch, mal wieder mit ins Tierheim zu kommen. Dort sah ich das Häufchen Elend zum ersten Mal. Es war eine rote Hauskatze mit einem weißen Latz. Verschreckt und ängstlich kauerte sie in einer Ecke, und als wir näher kamen, sah es so aus, als wollte sie auch noch rückwärts durch die Wand. Sie wirkte wie eine ganz junge Katze, weil sie so klein war. Aber man sagte mir, dass sie schon älter sei – das könne man an den Zähnen erkennen. Wie alt sie tatsächlich sei, ließe sich nicht feststellen. Irgendwie wuchs mir die Kleine gleich ans Herz und ich besuchte sie von da an regelmäßig als sogenannte »Kuschelpatin«. Eines Tages erzählte man mir, dass die Katze sehr krank sei und wohl sehr viel durchgemacht habe. Unter anderem litt sie an einer unheilbaren Nierenerkrankung, die irgendwann zum Nierenversagen führen würde. Ihr musste sogar die Gebärmutter entfernt werden. Das Fell der Katze war stumpf, ihr Blick völlig leer und bei jedem Piep schreckte und zuckte sie zusammen. Aufgrund der vielen Erkrankungen blieb sie lange Zeit in der Krankenstation, wo sie ihre eigene, relativ große Box hatte. Bei jedem meiner Besuche fauchte sie mich erst einmal böse an. Aber wenn ich ihr dann ganz langsam und unerschrocken meine Hand hinhielt, kam sie von Mal zu Mal einen Zentimeter näher. Ich gab einfach nicht auf, und irgendwann Ende November ließ sie sich das erste Mal von mir streicheln und leckte mir schließlich sogar die Hände ab.

Als Weihnachten vor der Tür stand, dachte ich, dass es für die Kleine nichts Besseres geben würde als ein ruhiges Zuhause. Und da kam mir zum ersten Mal der Gedanke: Wenn es irgendwo ein ruhiges Zuhause gibt, dann bei mir! Meine Kinder waren inzwischen aus dem Haus und standen auf eigenen Füßen, somit hätte die Katze die benötigte Ruhe.

Als ich mit der Leiterin des Tierheims sprach, betonte sie mehrfach, ich möge mir das gut überlegen, denn die Katze sei schwer krank und man wisse nicht, wie lange sie noch leben würde. Ja, klar, dachte ich, es könnten einige Arztrechnungen auf mich zukommen, aber was gibt es zu verlieren? Gemeinsam beschlossen wir, dass die kleine »Honey«, wie sie im Tierheim genannt wurde, am Weihnachtstag zu mir ziehen sollte. Und so kam es dann auch.

Bei mir zu Hause angekommen, suchte sie sich ein Plätzchen auf der offenen Treppe, wo sie einen guten Blick in alle Richtungen hatte. Dort blieb sie mehr als drei Wochen. Nur wenn ich nicht in der Nähe war, hörte ich sie ab und an zum Fressnapf oder zur Katzentoilette tapsen. Danach war sie aber jedes Mal in Windeseile wieder an ihrem Rückzugsort. Immer wenn jemand anderes vorbeikam, wurde er oder sie kurz angefaucht, schließlich aber bewegungslos beobachtet. Ich selbst hielt Honey bei jedem Vorbeigehen langsam und vorsichtig die Hand entgegen. Erst schnupperte sie nur kurz, und etwa vier Wochen nach ihrem Einzug leckte sie meine Hand zum ersten Mal. Ab diesem Tag wurde sie von Woche zu Woche ruhiger, und irgendwann kam sie auch vorsichtig ins Wohnzimmer getapst.

Ich selbst glaube ja an die Selbstheilungskräfte von uns Menschen, aber auch an die von Tieren. Jeden Abend betete ich für die Kleine, und von dem Tag an, als sie sich von mir anfassen ließ, legte ich ihr auch behutsam die Hände auf.

Heute, fast ein Jahr später, sind immer noch alle meine Freunde und meine Familie überrascht, wenn sie Honey sehen. Inzwischen ist sie eine kuschelige, anhängliche Schmusekatze. Und schon längst nicht mehr nur bei mir, sondern auch bei anderen Menschen. Es ist eine Wonne zu sehen, wie ihr Fell glänzt und sie sich in der Sonne räkelt.

Am beeindruckendsten war der letzte Besuch bei der Tierärztin, die ich sprachlos erlebte. Sie konnte nicht glauben, was sie sah. Die Tierärztin war diejenige gewesen, die die unheilbare Krankheit festgestellt hatte. Sie hatte auch vor einem Jahr die OP vorgenommen und erinnerte sich noch sehr gut an ihre Patientin. Sie meinte, die kleine Honey sei kerngesund und ihre Werte seien unerklärlich. Wir waren uns einig, dass es doch egal sei, ob wir das verstehen oder nicht.

Wir Menschen wissen nicht, wie derartige Wunderheilungen geschehen, aber bei Honey ist es passiert, und ich bin einfach dankbar dafür.

Auch wenn du jetzt vielleicht denkst, ich hätte der Kleinen etwas Gutes getan, so kann ich sagen, dass sie auch für mich eine Wonne ist. Mit ihrer Fröhlichkeit gibt sie mir ein Gefühl von Geborgenheit und Wohlbefinden. Zwei Seelen, die sich gefunden haben.

Und eine Kleinigkeit zum Schmunzeln hintenan:

Die Kleine ist inzwischen zur »Fußfetischistin« geworden. Sie hat sich etwas ganz Besonderes zum alltäglichen Ritual gemacht: Jeden Morgen werde ich an der Schlafzimmertür begrüßt, ins Bad verfolgt und dann schleckt Honey mir die nackten Füße ab. Es vergeht kein Tag mehr ohne dieses Ritual.

Kein einziges Anzeichen mehr von der kleinen verschreckten Katze, die meine Freundin damals ins Tierheim brachte.

# Mein ICH-Büchlein

Gestern Abend, als ich meinen Schrank aufmachte, lachte mir ein kleines Oktavheft entgegen. Mein ICH-Büchlein, wie ich es seit Jahren nenne.

Im April 2009 kam mir die Idee, meine sogenannten »Aha-Effekte« oder Schlüsselerlebnisse aufzuschreiben. Seitdem ist dieses kleine Oktavheft mein stetiger Begleiter. Jedes Mal, wenn mich eine Weisheit, ein Spruch oder Zitat berührte, wenn mir etwas wichtig erschien oder ich es einfach nicht vergessen wollte, schrieb ich es auf. Über die Jahre füllte sich das kleine Buch zunehmend. Und wenn es mir in den darauffolgenden Jahren mal einen Tag nicht so gut ging, vielleicht weil ich gerade einen ganz normalen »Durchhänger« hatte, dann holte ich mir mein ICH-Büchlein hervor, schlug willkürlich irgendeine Seite auf und las darin. Das tat mir dann immer sehr gut.

Ich hatte seit ein paar Monaten nichts mehr dort reingeschrieben und schaute jetzt mit Neugier hinein. Im März 2011 hatte ich zum Beispiel das Folgende eingetragen: »Manchmal macht dich die Gemächlichkeit des Lebens kaputt, nur eine Katastrophe kann dich retten. Wirf einen Frosch in eine Wanne mit heißem Wasser, und er wird in Sekundenschnelle herausspringen. Setze ihn in eine Wanne Wasser, das ganz allmählich erwärmt wird, und er wird die Spannkraft verlieren, wenn der Moment zum Springen gekommen ist.«[1] Das erinnert mich an Zeiten, in denen wir vor einer Entscheidung stehen und spüren, dass etwas verändert werden müsste. Aber wir dümpeln vor uns hin. Ja, nein, vielleicht, Zweifel, dann wieder die Fragen: Soll ich mich wirklich verändern? Ist es möglich? Ist es notwendig? Ja, nein, vielleicht ...

Als ich das damals aufgeschrieben hatte, so erinnerte ich mich, lernte ich in der entfernteren Nachbarschaft eine junge Frau kennen, die von ihrem Mann regelmäßig schlecht behandelt, zum Teil auch misshandelt wurde. Anfangs war es wohl nur selten, später aber fast regelmäßig geschehen. Seit Jahren sprach sie darüber, dass es Zeit sei, ihn zu verlassen, aber sie hatte es nicht getan. Erst als etwas sehr Schlimmes passierte, schaffte sie den Absprung.

---

1) Parabel Boiling Frog Syndrome – Charles B. Handy.

Dann las ich weiter: »Von einem Baum warf ein Affe eine Kokosnuss auf deinen Kopf – aua! Heb die Nuss auf, trink die Milch, iss das Fruchtfleisch und mach dir eine Schüssel aus der Schale.«[2] Das erinnerte mich daran: Egal, was dir Blödes widerfährt, mach das Beste daraus.

Dieses Büchlein wurde über die Jahre zu meinem treuen Begleiter. Ich schreibe eigene Sprüche hinein, zudem Erfahrungen und Weisheiten, die mir wichtig sind. Neue Erkenntnisse, sogenannte »Aha-Effekte«. Was mir an diesem oder jenem Tag einfach in den Sinn kommt.

Interessant war und ist, dass ich irgendwann feststellte, dass einige Dinge in diesem Buch öfter drinstanden. Beim Eintragen war mir gar nicht mehr in Erinnerung, dass ich es zu einem früheren Zeitpunkt schon einmal eingetragen hatte. In diesem Moment, als ich es wiederholt eintrug, erschien es mir wie eine neue Erkenntnis. Das zeigte mir, dass einige Erkenntnisse auch über die Zeit verloren gingen und erst wieder durch neue Erfahrungen im Leben aufgefrischt werden mussten. Den folgenden Satz hatte ich zum Beispiel über die Jahre dreimal in ähnlicher Form eingetragen: »Mut, eine Tür hinter mir zu schließen,

---

2) Metapher Anthony de Mello.

ohne zurückzuschauen, auch wenn ich nicht weiß, was mich im dunklen neuen Raum erwartet.« Zeigt uns das nicht, dass wir manchmal in der Theorie Weisheiten kennen, diese aber Zeit brauchen, um einen wirklichen Platz in unserem Leben einzunehmen? Denn Wissen allein reicht ja nicht immer. Der eigene Wille, es auch zu tun, ist ebenfalls nötig. Und um die Erkenntnis in uns zu manifestieren, braucht es manchmal eben Zeit und wiederholte Erfahrungen.

Ich bin immer wieder dankbar, mein ICH-Büchlein zu haben. Es erinnert mich an die wichtigen Dinge im Leben und an das, was ich über all die Jahre meines Lebens dazugelernt habe.

Sollten für dich durch dieses Buch »Aha-Effekte« entstehen, kannst du diese gerne auf den Notizseiten am Ende des Buches vermerken. Oder vielleicht hast du ja Lust, ein eigenes ICH-Büchlein zu führen.

# Die Meeresschildkröte

*Vertraue den Wellen des Lebens,*
*wenn sie hochgehen,*
*denn sie kommen auch wieder herunter,*
*und wenn sie stürmisch sind,*
*dann werden sie auch wieder ruhiger.*

Es war ein warmer, sonniger Tag im April. Ich war mit meiner Familie und Freunden auf einer Tauch- und Schnorcheltour an der afrikanischen Küste. Lange hatten wir uns auf die Reise gefreut und besonders auf die fantastische Unterwasserwelt des Roten Meeres. Deutsche Freunde, die sich auf dem uns noch fremden Kontinent niedergelassen hatten, hatten für uns eine Schiffstour zu einem der schönsten Riffe des Roten Meeres organisiert. Wir fuhren eine Weile mit dem Boot raus aufs offene Meer und genossen das für diese Jahreszeit typische sonnige Wetter. Der starke Seewind war für uns Norddeutsche, die zwischen

Nord- und Ostsee lebten, nichts Ungewöhnliches, doch verbunden mit der Sonne und den warmen Temperaturen war es eine Wohltat, wo wir doch wussten, dass zu Hause das Wetter gerade grau, nebelig und regnerisch war. Nach einer Weile hatten wir das Glück, einem Schwarm Delfinen zu begegnen. Da sich unsere Gastgeber gut auskannten, waren wir zur richtigen Zeit mit Schnorchel und Taucherbrille ausgerüstet, sprangen ins Wasser und konnten die Delfine aus kurzer Distanz erleben. Große, erwachsene Tiere, aber auch junge Delfine waren zu sehen. Sie schwammen um uns herum, bis sie nach kurzer Zeit auch schon wieder auf und davon waren. Es war ein schönes Erlebnis, ihnen so nah zu sein, und einige Delfine machten sogar den Eindruck, dass auch sie es genossen, um uns bunten »Paddelschwarm« herumzugleiten.

Was mich an diesem Tag aber am meisten beeindruckte, erlebten wir ein paar Stunden später. Weit weg von der Küste legten wir an einem besonders schönen Riff an und ließen uns mit Schnorchel, Flossen und Taucherbrille ins Wasser gleiten. Es fühlte sich an, als würden wir durch ein Aquarium schwimmen. Glasklares Wasser und überall kunterbunte kleine und große Fische verschiedenster Arten.

Blau, Gelb, Rot – es waren unendlich viele Farben. Und dann entdeckten meine Tochter und ich eine

Meeresschildkröte. Ganz ruhig und entspannt schien sie durchs Wasser zu gleiten. Wir schätzen sie auf eine Größe zwischen ein Meter fünfzig und ein Meter siebzig. Meine Tochter schwamm links und ich rechts von ihr und wir hielten Blickkontakt. Ganz langsam und behutsam drehte die Meeresbewohnerin mal den Kopf nach links, mal nach rechts. Fast so, als wollte sie »Hallo« zu uns sagen. Sie ließ sich aber nicht von uns stören und bewegte sich nur wenig, schien sich von den Wellen treiben zu lassen. Es war, als hätte sie gar keine Lust, sich anzustrengen. Sie wartete, bis die nächste Welle kam und sie mitzog. Mir kam es vor, als ließe sie sich vom Leben treiben. Die Meeresschildkröte kämpfte nicht gegen die Wellen an, sondern nutzte sie für ihr eigenes Vorwärtskommen.

So schwammen wir eine ganze Zeit neben ihr her und stellten fest, dass auch wir uns nicht anstrengen mussten, um ihr zu folgen, weil wir ebenso wie sie die Kraft der natürlichen Wellen nutzten. Und das, obwohl wir eigentlich eher gegen die Strömung geschwommen waren.

*Baue bei Sturm lieber eine Windmühle*
*statt einer Schutzmauer.*

Wir waren beide so fasziniert, dass wir irgendwann erschrocken feststellten, wie weit wir schon von unserem Boot weg waren, und das ohne jegliche körperliche Mühe. Bald mussten wir uns verabschieden und zum Boot zurückkehren.

Noch heute bin ich von diesem Erlebnis beeindruckt. Ich glaube, wir Menschen könnten viel von der Meeresschildkröte lernen, kämpfen wir doch manchmal gegen irgendwelche Widerstände an, statt uns mit der Welle treiben zu lassen. Unser Leben verläuft wie die Wellen des Meeres – mal in Richtung der Küste und mal wieder zurück, immer in Bewegung, vor, zurück, vor, zurück. Die Schildkröte hatte die ganze Zeit nicht gegen die Wellen gekämpft, wenn sie ihr entgegenkamen und ihr ins Gesicht schwappten, sie ließ sich treiben und paddelte gerade so viel, dass sie ihre Position halten konnte. Wenn die Welle wieder in Richtung aufs offene Meer strömte, dann paddelte sie schneller, um die Bewegung des Wassers zum eigenen Vorteil zu nutzen.

Wenn ich im Wasser immer gegen die Wellen ankämpfe, um voranzukommen, dann bin ich doch am Ende so erschöpft, dass ich die zurückströmende Welle gar nicht mehr richtig nutzen kann.

Dieses Bild habe ich nun öfter vor Augen, wenn in meinem Leben mal wieder »Gegenwind« herrscht. Heute passe ich meine Anstrengungen den Wellen des Lebens an, komme so viel schneller vorwärts und bin nicht jedes Mal erschöpft.

Ich wünschte, wir Menschen würden uns die Gelassenheit von den Meeresbewohnern abschauen und weniger gegen die Wellen in unserem Leben ankämpfen.

# Stau auf der A7

Schon seit sehr vielen Jahren entwickle ich immer mehr Vertrauen in das Leben. Ich habe meinen eigenen Glauben und bin mir persönlich sicher, immer in Sicherheit zu sein. Vertraue mehr und mehr auf den Lauf des Lebens.

An einem Dienstag im vergangenen Frühjahr erlebte ich mal wieder einen Moment, der mein Vertrauen nochmals stärkte. Ich war auf dem Weg in Richtung Kiel, weil ich dort ein Treffen mit anderen Unternehmern hatte, um an einem gemeinsamen Nord-Ostsee-Kanal-Projekt zu arbeiten. Die Fahrt dauert in der Regel eine Stunde. Eine Freundin von mir wohnt in Kiel, und da wir uns in der letzten Zeit nicht so oft gesehen hatten, hatte ich beschlossen, etwas früher loszufahren und mich noch kurz mit ihr zu treffen. Ich startete also wie geplant und kam ganz gut voran. Nach etwa zwanzig Minuten klingelte mein Telefon. Ich sah, dass es meine Freundin war, und ärgerte mich, weil meine Freisprecheinrichtung nicht funktionierte. Deshalb hielt ich nach etwa einem Kilometer an einer Parkbucht an, um zurückzurufen. Wir besprachen kurz, wann und wo wir uns treffen wollten, und schon nach fünf Minuten setzte ich meine Fahrt fort. Die Straßen waren frei, so dass ich auch weiterhin gut vorankam. Hinter Neumünster fuhr ich schließlich auf die Autobahn. Aber bereits nach kurzer Zeit sah ich vor mir Warnblinker aufleuchten. Zunächst ging es noch im Stop-and-go langsam voran, doch dann kam der Verkehr völlig zum Erliegen.

Es war ein sonniger Tag und am blauen Himmel war kaum eine Wolke zu sehen. Irgendwann stiegen die ersten Leute aus ihren Autos aus, um zu sehen, was los war, aber es war nichts zu erkennen. Dann hörte ich im Verkehrsfunk, dass es einen Auffahrunfall auf der A 7 gegeben hatte und die Autobahn voll gesperrt war. So ein Shit!, dachte ich kurz. Aber dann kam mir ein Blitzgedanke: Ich stand hier, hier im Stau hinter dem Unfall. Der Unfall musste etwa fünf Minuten, bevor ich hier angekommen war, passiert sein. Krankenwagen und Polizei schlängelten sich durch die Rettungsgasse. Der Gedanke hämmerte sich in meinen Kopf: Wäre meine Freisprecheinrichtung in Ordnung gewesen, dann stünde ich wahrscheinlich nicht hier, sondern da vorne, wo gerade sechs Fahrzeuge ineinandergeknallt waren.

Du glaubst gar nicht, was für ein erleichterndes Gefühl das war. Nun stieg auch ich aus und gesellte mich zu den anderen Fahrern, die auf der Straße standen und durcheinanderredeten. Sie schimpften, fluchten und jammerten. Viele hatten Termine, die sie nicht einhalten konnten. Die Zeit rannte ihnen davon und man kam ja nicht weg. Auf der Autobahn konnte man schließlich nicht einfach umdrehen und in die andere Richtung davonfahren. Das Klagen wurde immer lauter und schaukelte sich hoch. Einem Mann kamen sogar die Tränen der Verzweiflung. Ich hörte den anderen eine Weile zu, dachte auch an meine verpassten Verabredungen.

Aber dann registrierte ich das schöne Wetter und mir fiel wieder ein, dass ich ja hier und nicht da vorne im Stau stand. Wie automatisch ging ich auf den jungen Mann zu, dem die Tränen in den Augen standen, und sagte nur kurz, ohne zu überlegen: »Können wir nicht glücklich sein, hier bei Sonnenschein auf der Autobahn zu stehen und nicht zwei Kilometer weiter vorne, wo gerade ein riesiges Unglück passiert ist? Wissen wir, ob es dort nicht vielleicht sogar Tote oder Schwerverletzte gibt? Ich bin gerade so was von dankbar, hier zu stehen.«

Der junge Mann sah mich verdutzt an, genauso wie ein weiteres Pärchen, das eben noch lauthals geflucht hatte. Plötzlich huschte ein Lächeln über das Gesicht des Mannes und er sagte leise: »Ja, da haben Sie wohl recht.«

Dies war mal wieder einer der Momente in meinem Leben, die mich daran erinnerten innezuhalten, wenn mir etwas scheinbar Schlechtes passierte. Dieser Moment erinnerte mich daran, dass jedes Schicksal, egal wie schlimm es uns erscheinen mag, etwas Gutes hat. Oft sehen wir es nicht sofort, meist sogar erst Jahre später. Aber ich konnte immer irgendwann etwas Gutes erkennen an dem, was mir passiert war. Und ich hatte bereits einige Schicksalsschläge hinnehmen müssen. Am Ende hatte alles einen Sinn.

Mögen wir sooft wie möglich die Kraft und die innere Ruhe haben, in dem, was uns gerade widerfährt, das Gute zu sehen.

An jenem Tag verbrachten wir noch über zwei Stunden auf der Autobahn und genossen die Sonne, zumindest die drei eben Genannten und ich. Dann konnten wir alle weiterfahren.

# Loslassen können

Wir Menschen freuen uns immer, wenn ein neuer Erdenbürger auf die Welt kommt. Voller Entzücken erfreuen uns Neugeborene. Sie zaubern ein Strahlen in unsere Gesichter; Verbundenheit und Glücksgefühle durchströmen uns. Was für eine Wonne!

Wir alle wissen, das Leben auf Erden ist endlich, wir alle müssen irgendwann wieder gehen. Doch dieses Gehen fällt uns schwer. Und einen geliebten Menschen gehen zu lassen, oft noch viel mehr. Selbst wenn das Sterben eine Erlösung für einen kranken Menschen sein kann, fällt es uns nicht immer leicht, ihn loszulassen.

Über mehrere Jahre war ich Gast in einem Pflegeheim in einem Nachbardorf. Eine liebe Freundin lebte dort, bis sie eines Tages friedlich verstarb.

Da ich sie regelmäßig dort besuchte und auch ab und an mal einer Freundin half, die in dem Heim ein sogenanntes »Dance op de Deel« veranstaltete, bei dem gesungen, musiziert und getanzt wurde, durfte ich viele Bewohner näher kennenlernen. Manche wuchsen mir über die Jahre ans Herz, obwohl ich sonst nichts mit ihnen zu tun hatte. Dazu gehörte unter anderem eine ältere Dame namens Leni. Leni war schon einige Zeit in diesem Heim und fühlte sich auch sehr wohl. Sie hatte guten Kontakt zu den anderen Bewohnern und war noch recht rüstig auf den Beinen. Oft ging sie mit meiner Freundin und mir draußen spazieren und erzählte von ihren Enkelkindern und Kindern. Sie war jedes Mal voller Stolz auf sie und hatte immer lustige Geschichten zu berichten. Sie gehörte zu denen, die sich schon zwei Stunden, bevor das »Dance op de Deel« losgehen sollte, hübsch zurechtmachten und darauf warteten, dass es endlich mit dem Singen losging. Sie war einfach ein Sonnenschein und man sah ihr die Freude an.

Vor einem Dreivierteljahr etwa ging es ihr plötzlich zunehmend schlechter. Innerhalb kürzester Zeit baute ihr Körper ab, sie hatte Krebs. Ihre Tochter, die etwas weiter entfernt wohnte, kam nun regelmäßiger, um sie zu besuchen. Ein paar Mal hatte ich das Glück, mit ihr zu sprechen und ihr zuhören zu dürfen. Sie erzählte mir von ihrem Leben, vom Leben ihrer Mutter und dass es nicht immer leicht zwischen ihnen beiden gewesen war. Es schien ihr gutzutun, sich jemandem anzuvertrauen und darüber zu sprechen. Wenn man sie und ihre Mutter zusammen sah, dann wirkte es von außen sehr harmonisch und liebevoll. Und ich denke, das war zu dem Zeitpunkt auch so. Wenn ich sie gemeinsam sah, hatten beide stets ein Lächeln im Gesicht.

Aber es war wohl bis vor einiger Zeit ganz anders gewesen, wie sie mir anvertraute. Sie hatten sich viele Jahre nicht gesehen und teilweise auch nicht miteinander gesprochen. Das belastete die Tochter, besonders jetzt, wo ihr klar war, wie begrenzt die verbleibende Zeit mit ihrer Mutter war. Deshalb versuchte sie nun auch, so viel Zeit wie möglich bei ihr zu verbringen. Es fiel ihr schwer zu akzeptieren, dass ihre Mutter nur noch ganz kurze Zeit zu leben hatte.

Das Gespräch war natürlich vertraulich, deshalb erzählte ich Leni auch nichts davon, als wir uns das nächste Mal sahen. Aber auch sie schien jemanden zum Reden zu brauchen, und als ich einige Tage später kurz zu ihr ins Zimmer ging, um »Hallo« zu sagen, bat sie mich, bei ihr Platz zu nehmen. Sie fragte mich, ob ich ein paar Minuten Zeit hätte. Während ich mich zu ihr setzte, nahm sie meine Hand, drückte sie fest und sah mir tief in die Augen. Ich erkannte

Verzweiflung und Ratlosigkeit, und so war es dann auch. Sie sagte mir mit klaren Worten: »Es ist Zeit für mich zu gehen, aber meine Tochter möchte mich noch nicht loslassen. Ich habe Angst, dass sie zusammenbricht, wenn ich nicht mehr da bin. Ich bin so stolz auf sie, ich liebe sie, aber es ist trotzdem Zeit für mich zu gehen.« Tränen kullerten ihr die Wange hinunter. Ich brauchte nichts zu sagen, es waren keine Worte nötig. Mein Blick reichte ihr und wir nahmen uns noch mal fest in den Arm. Zum Abschied drückte sie mir einen Kuss auf die Wange und verabschiedete sich. Nun kamen auch mir die Tränen, aber das durfte so sein.

Am nächsten Morgen verschlechterte sich Lenis Zustand sehr stark, woraufhin ihre Tochter sofort kam. Sie blieb, wie ich hörte, den ganzen Tag und die ganze Nacht und wich nicht von der Seite ihrer Mutter. Sie hielt ihre Hand, wie sie mir später erzählte, und konnte sie nicht loslassen. Genau in dem Moment, als sie am darauffolgenden Morgen kurz das Zimmer verließ, um mit der Schwester zu sprechen, schloss Leni die Augen und ging von uns.

Als ich an dem Tag in das Heim kam, saß Lenis Tochter verzweifelt im Flur. Tränenüberströmt und zusammengesackt. Ich setzte mich kurz neben sie, und auf einmal fiel sie mir unerwartet in die Arme und schluchzte verzweifelt: »Ich war nicht bei ihr, als sie starb, genau in dem Moment bin ich aus dem Zimmer gegangen. Sie musste nun alleine sterben. Das werde ich mir nie verzeihen!«

Ich ließ es geschehen und sie ausweinen. Wir sprachen dann noch ein paar Minuten, bevor ich zu meiner Freundin ging.

Diese Geschichte ist leider kein Einzelfall. Manchmal ist es schwierig für Menschen zu gehen, weil Freunde oder Angehörige nicht loslassen können. Und schon ein paarmal habe ich mitbekommen, dass dann die Menschen genau in dem Moment verstarben, als die Angehörigen für kurze Zeit das Zimmer verließen.

Später, als Lenis Tochter genau das klar wurde, als sie verstanden hatte, warum ihre Mutter in dem Moment gegangen war, wurde sie wesentlich entspannter und hörte auf, sich Vorwürfe zu machen. Sie hatte auch verstanden, dass ihre Mutter sie geliebt und ihr alles, was früher einmal passiert war, längst verziehen hatte.

Mir zeigte dieser Tag wieder, wie wichtig es ist, nie aus den Augen zu verlieren, dass unser Leben endlich ist. Dass es wichtig ist, nicht immer alles auf morgen oder auf irgendwann zu verschieben. Und dass wir Menschen, die auf dem Weg sind zu gehen, in Dankbarkeit gehen lassen sollten. Dass wir zwar traurig, aber auch dankbar sein dürfen, die Zeit mit ihnen gehabt zu haben, statt zu verzweifeln, weil sie jetzt nicht mehr an unserer Seite sind.

*»Eines Tages werden wir alle sterben!«,*
*sagt Fritz, und Lisa meint nur:*
*»Das ist wahr, aber an allen anderen*
*Tagen werden wir nicht sterben.«*

# Ein schöner Geburtstag

Susanne lehnte sich erschöpft, aber glücklich zurück. Es war ihr Geburtstag – ein runder Geburtstag. Alle ihre Freunde und Liebsten waren gekommen und hatten ausgiebig mit ihr gefeiert. Gemütlich hatten sie im Garten gesessen, das schöne Wetter genossen und noch lange bei Sekt und Leckereien zusammen verbracht.

Nun war längst der neue Morgen angebrochen, und die Gäste, bis auf ein paar Übernachtungsgäste, waren gegangen. Susanne sah die vielen kleinen Geschenke und freute sich zu sehen, mit wie viel Liebe sich Einzelne etwas für sie hatten einfallen lassen. Es war schön gewesen, sie alle mal wieder um sich zu haben. Im letzten Jahr hatte sie nämlich nicht gefeiert, hatte den Tag einfach ausfallen lassen, weil es ihr zu der Zeit nicht so gut gegangen war.

Als sie nun auf dem Sofa saß, so langsam zur Ruhe kam und das ganze Geschirr und die vielen Gläser auf den Tischen stehen sah, überkam sie auf einmal eine emotionale Welle. Plötzlich tauchte in ihrem Kopf die Frage auf: Wo waren die alle in den letzten zwei Jahren? Ganz langsam fing sie an zu schlucken und es lösten sich ein paar Tränen. Und dann überkam sie plötzlich ein tiefer Schmerz und die Tränen liefen ihr nur so das Gesicht herunter.

Vor etwas mehr als zwei Jahren war ihre Ehe zerbrochen. Susanne erinnerte sich noch genau an den Tag, als sie erfahren hatte, dass sich ihr Mann mit einer anderen Frau traf. Er hatte sie und die Familie daraufhin verlassen. Wie betäubt war sie mit ihren Kindern zurückgeblieben. Danach folgte eine sehr schwere Zeit. Der emotionale Schmerz war kaum auszuhalten. Und für die Kinder jeden Tag allein den Alltag zu meistern, kostete sie sehr viel Kraft und Energie. Aber sie gab stets ihr Bestes und funktionierte lange Zeit wie ein »Stehaufmännchen«. Die meisten Tage liefen ähnlich ab: morgens aufstehen, die Kinder versorgen und, wenn diese zur Schule gegangen waren, selbst zur Arbeit fahren. Nach der Arbeit ganz schnell wieder nach Hause, was zu essen kochen und für die Kinder da sein, wenn diese von der Schule kamen. Waren die Kleinen dann abends im Bett, war der Haushalt dran und alles, was sonst liegen geblieben war. Da blieb kaum Zeit für Hobbys oder Freunde, geschweige denn für Susanne selbst. Meist fiel sie abends nur erschöpft aufs Sofa oder ging gleich zu Bett.

Sie hatte, solange sie denken konnte, viele Freunde gehabt. An ihren Geburtstagen waren immer schon eine Menge Gäste da gewesen, um mit ihr zu feiern. Aber nun überlegte sie: Freunde! Wann sind es Freunde? Oder sind viele nur Bekannte? Nie hatte sie sich über diese beiden Bezeichnungen Gedanken gemacht – Freunde oder Bekannte. Aber am Tag nach diesem Geburtstag wurde ihr bewusst, dass sie von den weit über zwanzig Gästen viele sehr lange nicht gesehen hatte. Einige sogar schon mehr als zwei Jahre nicht. Wenn sie recht überlegte, so waren neben der Familie eigentlich nur fünf Freunde in dieser schweren Zeit wirklich für sie da gewesen. Alle anderen hatten sich zurückgezogen und waren erst kürzlich wieder aufgetaucht, als es ihr besser ging. Als sie wieder voller Zuversicht, Optimismus und Lebensfreude das Leben genoss.

Schwermut überfiel Susanne. Wann brauchen wir Freunde?, überlegte sie. Sie war sich nun sicher, dass der Begriff »in guten wie in schlechten Zeiten« nicht nur für Ehepaare, sondern besonders auch für Freundschaften gelten sollte.

Als ich ein Jahr später wieder zu ihrem Geburtstag eingeladen war, waren wir nur eine kleine Runde, hatten aber einen mindestens genauso schönen Tag und Abend. Susanne erzählte uns von den Gedanken, die sie sich im Jahr zuvor gemacht hatte, und davon, dass sie zu den restlichen »Freunden vom letzten Jahr« kaum noch Kontakt hatte und es ihr damit inzwischen sehr gut ging. In dieser schweren Zeit hatte sie gelernt, was Freundschaft wirklich ausmacht. Sie meinte, dass sie niemandem böse sei und auch Verständnis dafür habe, wenn sich manch einer zurückziehe, wenn Freunde sich trennten.

Nicht jeder kann da gut mit umgehen, fühlt sich vielleicht sogar zwischen den Stühlen. Susanne aber hatte gemerkt, wie wertvoll ihr die wenigen Freunde waren, die ihr gerade in dieser schweren Zeit zur Seite gestanden hatten, die da gewesen waren, als sie mal nicht in der Lage gewesen war, jemandem die beste Freundin zu sein.

Sie dankte uns Fünfen an diesem Tag von Herzen, mit Tränen in den Augen und nahm uns gerührt in die Arme.

*Weniger ist manchmal mehr.*

# Wann sind wir alt?

Wann sind wir alt? Das ist eine gute Frage, die ich mir schon vor sehr vielen Jahren gestellt habe. Laut einem Zeitungsbericht soll der Mensch angeblich Menschen, die fünfzehn Jahre älter sind als er selbst, für alt halten. Ist das so?

Ich habe mich schon vor fast zwanzig Jahren immer amüsiert, wenn sich meine damals fünfzigjährige Kollegin mit der Auszubildenden unterhielt und von einer »jungen Frau« sprach. Wobei diese Frau dann durchaus Mitte dreißig sein konnte. Parallel dazu erzählte unsere Auszubildende von einem »älteren Herrn«, der sich als Ende zwanzig herausstellte.

Tja, wer hatte nun recht?

Wir saßen damals zu Hause beim Mittagessen zusammen und mein Sohn berichtete von der Schule.

Sehr theatralisch meinte er: »Mama, da waren steinalte Menschen.« Ich fragte ihn, wie alt die denn gewesen seien. Als Antwort kam nur: »So dreißig ungefähr.« Was sollte ich da anderes sagen als: »Mein Junge, du sitzt hier auch gerade mit zwei steinalten Menschen am Tisch.« Und wir lachten herzhaft.

Dieses Gespräch kam uns in den letzten Jahren immer mal wieder in den Sinn. Und natürlich kann ich es mir nicht jedes Mal verkneifen, meinem Sohn, der heute fast achtundzwanzig Jahre alt ist, zu sagen: »Na, du gehst schon stark auf steinalt zu.« Inzwischen sieht er das natürlich ganz anders.

Aber wann ist man wirklich ALT? Vielleicht sollten wir das Wort »alt« mal mit dem Wort »jung« tauschen. Klingt das nicht viel netter? Ich fühle mich auch heute, zwanzig Jahre später, immer noch nicht alt. Vielleicht hatte der Reporter des oben genannten Zeitungsberichts ja recht.

# Wertschätzung

Jeden Tag begegnen wir so viel Gutem. Viele Menschen um uns herum bereichern unser Leben. Sehen und erkennen wir das? Und wenn wir es registrieren, sagen wir es den Menschen dann auch?

Als Geschäftsführerin leitete ich einen international agierenden Konzernbetrieb. Hier in Deutschland waren wir siebzehn Mitarbeiter. Es war ein Team aus den Bereichen Service, Technik, Vertrieb und Buchhaltung. Vor einigen Jahren kam mir eine Idee und ich fragte alle Kollegen, ob sie Lust hätten, für jeden anderen Kollegen einen positiven Satz oder ein positives Schlagwort aufzuschreiben. Ich wusste, dass es eine ungewöhnliche Frage war, aber trotzdem hatten alle außer einem Lust und schrieben anonym Sätze und Schlagwörter auf. Da ich die Handschriften meiner Kollegen zum Teil gut kannte, bat ich eine außenstehende Person, das Geschriebene in eine

Exceltabelle einzutragen, und fertigte daraus für jeden Mitarbeiter eine Geburtstagskarte mit dem Satz: »So denken deine Kollegen über dich ...«. Was die Kollegen notiert hatten, fügte ich eins zu eins dazu. Ich muss gestehen, dass es mich sehr berührte, was alles zu Papier gebracht worden war.

Als dann der erste Geburtstag vor der Tür stand und ich die entsprechende Karte überreichte, war ich sehr erfreut über die Reaktion. Und so ging es mir das ganze Jahr über. Die Wirkung auf die Beschenkten war erstaunlich: »Das hätte ich ja nie gedacht, dass die Kollegen mich so sehen«, sagte der eine »Wirklich?«, fragte der andere. Ich sah ausschließlich strahlende Gesichter. Ich erkannte so viel Wertschätzung unter den Kollegen, stellte anfangs aber fest, wie wenig diese ausgesprochen wurde. Viele Kollegen wussten nicht, wie wertvoll und bereichernd die anderen sie fanden. Einigen war gar nicht klar, wie gut ihre Art ankam und wie sehr sie gemocht wurden.

Du glaubst gar nicht, welch positive Effekte diese kleinen Karten auf die Teamarbeit hatten. Die Kollegen hatten vorher schon super im Team zusammengearbeitet, aber diese wenigen Worte haben den Zusammenhalt weiter gestärkt, so dass die gemeinsame Arbeit noch mal so viel Spaß machte.

Am Ende wurde ich überrascht, weil die Kollegen auch für mich etwas aufgeschrieben hatten. Was war das für eine große Freude und ein schönes Gefühl! Als Vorgesetzte so viel Dankbarkeit und Wertschätzung entgegengebracht zu bekommen, ist nicht selbstverständlich.

So eine kleine Geste – nur ein paar Worte oder Sätze –, aber eine so große Auswirkung. Das liebte ich an meiner Arbeit.

# Ein Lächeln hellt die Seele auf

Heute möchte ich euch von dem Erlebnis meiner früheren Schulfreundin Katrin erzählen. Wir gingen zusammen zur Grundschule, aber danach verloren wir uns leider eine Zeit lang aus den Augen. Da wir danach unterschiedliche Schulen besuchten, änderte sich auch der Freundeskreis.

Was Katrin mir etwa zehn Jahre später von ihrer Freundschaft zu Lisa erzählte, bewegte mich damals sehr. Lisa ging in ihre Parallelklasse und sie hatte sie auf dem Heimweg kennengelernt.

Als Katrin wie jeden Tag mit dem Fahrrad von der Schule nach Hause fuhr, sah sie, dass ein Mädchen auf dem Radweg gegenüber gestürzt war. Das Mädchen weinte und versuchte, all ihre Sachen wieder in den kleinen Fahrradkorb zu stopfen. Turnbeutel, eine Jacke, einen Pullover und eine volle Plastiktüte.

Ihren Ranzen trug sie auf dem Rücken, erinnerte sich Katrin.

Katrin überlegte nicht lange, schob ihr Rad über die Straße, lächelte dem verzweifelten Mädchen zu und half ihm, die Sachen aufzusammeln. Dann bot sie dem Mädchen an, ein paar der Dinge in ihren eigenen Fahrradkorb zu legen und es nach Hause zu begleiten. Da das Knie des Mädchens aufgeschürft war, schoben die beiden ihr Rad.

So lernte Katrin Lisa kennen.

Als sie bei Lisa zu Hause ankamen, roch es verführerisch nach frisch gebackenen Waffeln, und Lisa lud Katrin spontan ein, noch mit hineinzukommen. Die Mädchen saßen eine Weile zusammen und unterhielten sich, lachten und scherzten. Danach trafen sich die zwei immer mal wieder, und mit der Zeit entwickelte sich eine tiefe Freundschaft.

Vier Jahre später, als sie gerade ihren Schulabschluss feierten, nahm Lisa Katrin beiseite und fragte sie: »Weißt du eigentlich, warum ich damals so viele Sachen auf meinem Fahrrad hatte und deshalb gestürzt war?« Sie wartete nicht auf eine Antwort, sondern fuhr gleich fort: »Mein Leben war zu der Zeit so aussichtslos, ich fühlte mich einsam und verloren.

Ich nahm alle meine Sachen von der Schule mit, um nichts zurückzulassen, denn ich wollte mir das Leben nehmen.«

*Manchmal sind es kleine Gesten,*
*manchmal nur ein Lächeln,*
*die Großes bewirken können.*

# Ist das Seelenverwandtschaft?

Kennst du das auch? Manchmal begegnet man Menschen, die man gar nicht kennt, und trotzdem kommen sie einem auf Anhieb so vertraut vor. Man würde ihnen am liebsten alles anvertrauen und hat keinen Zweifel daran, dass sie es für sich behalten. Und dann gibt es Menschen, die sieht man, und man weiß schon in der ersten Sekunde: Mit der Person werde ich nie warm. Zumindest fühlt es sich so an. Letzteres habe ich selbst nur zweimal, dafür aber ganz klar und deutlich erlebt.

Ich möchte dir von einer Freundin erzählen, die mir besonders viel bedeutet. Wir gingen zusammen zur Schule. Sanni kam in unsere Klasse, weil sie ein Jahr wiederholen wollte. Vom Typ her waren wir sehr unterschiedlich, und trotzdem mochten wir uns sehr. Wir hörten die gleiche Musik und hatten in diesem Alter einfach auch dieselben Themen, über die wir uns unterhalten konnten. Aber wie es im Leben manchmal so ist, trennten sich unsere Wege nach der Schulzeit. Wir erlernten unterschiedliche Berufe und sahen uns kaum noch. Erst an meinem Polterabend überraschte sie mich zusammen mit ein paar anderen ehemaligen Schulkameraden. Das war eine echte Freude. Ich erinnere mich, dass wir uns kurz nach der Geburt meines Sohnes noch mal wiedersahen, aber auch dann gab es wieder eine ganze Zeit, in der wir keinen Kontakt hatten.

Ebenso wie ich bekam sie zwei Kinder, und wir waren lange Zeit so beschäftigt, dass eigentlich keine Zeit war, unsere Freundschaft sonderlich zu pflegen. Was ich damit meine, ist, dass wir uns so gut wie gar nicht mehr sahen. In unregelmäßigen Abständen – über viele Jahre allerdings – trafen wir uns immer mal wieder zufällig auf dem Parkplatz eines Supermarktes, in dem wir beide gern einkauften. Aber jedes Mal, wenn wir uns begegneten, hatten wir uns so viel zu erzählen. Es ging uns dann so, als hätten wir uns gerade gestern zum letzten Mal gesehen. Wir waren uns vertraut und führten irgendwie parallele Leben. Nur trafen wir uns fast nie. Außer auf diesem Supermarktparkplatz.

So vergingen die Jahre und unsere Kinder wuchsen heran und wurden schließlich erwachsen. Dann, eines Tages, wieder mal auf diesem besagten Supermarktparkplatz, erzählte sie mir, dass sie an ihrem Arbeitsplatz so unglücklich sei und nach etwas Neuem Ausschau halte. Und wie es der Zufall – oder wie auch immer man es nennen möchte – so wollte, war ich mit meiner Firma gerade auf der Suche nach Personal. Ich suchte genau das, was sie gerne tun wollte, und so kam es, dass wir uns ab diesem Tag täglich sahen. Auf diese Weise kamen wir uns noch mal wieder näher. Auch wenn es nicht so einfach war, weil ich Privates immer gerne vom Betrieblichen zu trennen versuchte, vertiefte sich unsere Freundschaft doch zunehmend.

Inzwischen haben wir uns beide unabhängig voneinander von diesem Konzern verabschiedet, weil das Leben ja Veränderungen braucht. Aber unsere Freundschaft blieb und wuchs von Tag zu Tag mehr. Wir waren uns so vertraut wie am ersten Tag, nur dass wir uns nun privat mehr sahen und viel zusammen unternahmen. Die letzten Jahre haben uns noch mehr zusammengeschweißt, nicht nur wegen einiger Schicksalsschläge, sondern weil wir so oft gleich denken, gleich fühlen und das Gleiche lieben.

Ich habe in meinem Leben viele liebe Menschen um mich gehabt, viele Freunde und Bekannte. Aber oft, besonders in schwereren Lebenssituationen, habe auch ich mich gefragt, was Freundschaft eigentlich ausmacht. Sind es die Personen, mit denen man regelmäßig zusammen ist? Oder sind es eher die Menschen, die für einen da sind und die einem vertraut sind, wenn es einem mal nicht so gut geht? Sanni ist da, wenn ich sie brauche, ob Tag oder Nacht. Da kann ich mir immer sicher sein. Sie ist für mich wie meine zweite Seele.

Ich habe das Glück, in meinem Leben eine Handvoll dieser besonderen Freunde zu haben. Freunde, die wie Sterne nicht immer zu sehen, aber doch immer da sind. Dafür bin ich sehr dankbar. Denn das ist so wertvoll und unbezahlbar.

Aber Freundschaft funktioniert auch nur, wenn man selbst ein Freund, eine Freundin ist.

*Gute Freunde sind wie Sterne in der Nacht,*
*nicht immer sichtbar, aber doch immer da.*[3]

---

3) Unbekannter Autor

# Die Mutmacherin

Ich wurde nicht als Mutmacherin geboren, auch nicht als mutiges Kind. Nein, ich war ein ganz normales kleines blondes Baby mit dem von Gott (dem Universum oder wie auch immer du das große Ganze nennst) geschenkten Urvertrauen.

Und auch ich lernte als kleines Mädchen, dass es Regeln und Moral gab. Hörte Sätze wie »Das tut man nicht«, »Das macht ein braves Mädchen nicht« oder »Das kannst du nicht«. Auch ich lernte, wie Sigmund Freud sagte, die moralische Instanz, die Werte- und Normvorstellungen und auf der anderen Seite meine ureigenen Bedürfnisse kennen.

Auch ich musste mich durch diesen Dschungel kämpfen und verlor als Kind des Öfteren den Mut. Musste im Leben Schicksalsschläge und Krisen überwinden. War mal schwach und dann auch mal wieder stark. Aber mit zunehmendem Alter kam Schritt für Schritt mein Urvertrauen wieder an die Oberfläche, immer wieder setzte ich auf Vertrauen und Zuversicht. Ich nahm mir Zeiten, in mich zu schauen, mich selbst zu beobachten, mich zu fragen: Wer bin ich – ich, Ilona – wirklich? Was sind meine eigenen Bedürfnisse und was die Wünsche der anderen Menschen an mich? Es gab immer wieder Momente, in denen ich mich fragen musste: Ilona, bist du dir da gerade selbst treu? Und immer wieder brauchte es Mut, mal mehr, mal weniger, um auf meinem eigenen Weg zu bleiben oder dorthin zurückzukehren.

Auch ich kenne die Zweifler in mir. Ich nenne sie immer liebevoll meine Vöglein auf der rechten und der linken Schulter. Links das Gefühlsvöglein, rechts das Verstandesvöglein. Oh Mann, und du glaubst gar nicht, wie die zwei manchmal diskutieren. Wie sie Zwiegespräche führen. Links: »Das fühlt sich gut an.« Rechts: »Das tut man aber nicht.« Links: »Aber wenn ich es liebe, das zu tun.« Rechts: »Was sollen denn die Leute denken?« und so weiter.

Kennst du das auch? An manchen Tagen ist das nur schwer auszuhalten, dann gibt man dem rechten Vöglein nach und verzichtet auf seine eigenen Urbedürfnisse, auf das Ich-selbst-Sein. Aber glaube mir, wenn sich dein linkes Vöglein nie durchsetzt, dann verlierst du irgendwann dein eigenes ICH. Dann kannst du nicht mehr du selbst sein. Und wir alle wissen, wie unterschiedlich wir sind, und jeder hat seine individuelle Reise auf der Erde. Nur unser eigenes ICH kennt unseren Weg. Den Weg, auf dem wir uns wohlfühlen, wo wir zu Hause sind.

Dem rechten Vöglein den Schnabel zu verbieten ist mit Sicherheit auch nicht der richtige Weg. Aber ich wünsche dir den Mut, ihm nicht dauerhaft die Oberhand zu geben.

Ich stelle an mir selbst immer wieder fest, dass ich mich bei einigen Dingen oder Tätigkeiten völlig in Raum und Zeit verliere. In dem Moment weiß ich, dass ich mir treu bin. Dass ich meinen inneren Bedürfnissen folge.

Die Menschen, die mich seit Langem kennen, sagen mir, dass ich wohl immer schon ein wenig eine Mutmacherin war. Von klein auf hatte ich die Gabe, anderen Mut zu machen, mal etwas, was sich als nicht richtig erwiesen hatte, zu verändern. Ihnen zu zeigen, dass die Veränderungen oft gar nicht so schwer umzusetzen sind, wie es einem am Anfang erscheint.

Immer mehr folge ich inzwischen meiner Intuition, meinem Bauchgefühl, ohne sachlich begründen zu können, was ich tue. Und das führt mich zu einem erfüllten, zufriedenen Leben in ständig wachsender Leichtigkeit.

Aber das war nicht immer so in meinem Leben. Auch ich musste anfangs viel lernen, und auch heute kommt es gelegentlich vor, dass der Zweifler auf meiner rechten Schulter laut wird.

Deshalb möchte ich dir auch ans Herz legen, deiner inneren Stimme zu folgen. Schau, was dir guttut und womit du dich eher quälst. Wo verlierst du Raum und Zeit, und in welchen Momenten hast du das Gefühl, die Zeit kriecht schwermütig vor sich hin? Hab Mut, den mutigen Anteil in dir wahrzunehmen, ihm Aufmerksamkeit zu schenken. Hab Mut, etwas zu verändern. Es muss nicht immer gleich die große Veränderung sein. Fang mit einer kleinen an. Rom wurde auch nicht an einem Tag erbaut.

Und wie Rom an mehr als einem Tag erbaut wurde, kannst du auch deinen Mut nach und nach aufbauen. Kannst ihn trainieren wie einen Muskel. Mit zunächst ganz kleinen Schritten, Schritt für Schritt.

*Du selbst zu sein in einer Welt, die dich ständig anders haben will, ist zwar teilweise anstrengend, aber es führt zu deinem erfüllten Leben.*

# Vergleiche

Ist es nicht immer wieder spannend, dass wir Menschen uns vergleichen? Ich kenne niemanden, der sich nicht irgendwann mit jemand anderem verglichen hat. In meinem Buch »Die Reise zu mehr Leichtigkeit & Zufriedenheit« hatte ich schon mal über das Vergleichen geschrieben. Über das Phänomen, dass wir uns so oft mit Menschen vergleichen, die irgendetwas scheinbar Besseres haben oder können als wir. Der Nachbar, der sich zweimal im Jahr einen teuren Urlaub leisten kann, der Freund, der ein viel größeres Haus hat, die Schwester, die viel klüger ist, oder, oder, oder. Nicht selten entsteht Neid, Eifersucht oder ein Minderwertigkeitsgefühl.

Wenn wir uns schon vergleichen, warum denn unbedingt mit dem, der etwas Besseres hat oder angeblich mehr kann?

Und warum überhaupt mit jemand anderem?

Ich litt seit Längerem an Höhenangst. Als Kind konnte ich bedenkenlos auf einer Brüstung im dritten Stock sitzen, das machte mir absolut nichts aus. Ein kurzes Kippeln und ich hätte runterfallen können, aber das ängstigte mich nicht. Über die Jahre veränderte sich das allerdings und ich merkte immer mehr, wie mir Höhe Angst machte, wie ich sie mied.

Vor vielen Jahren überließ ich es als Geschäftsführerin meinen Mitarbeitern, einen Betriebsausflug zu organisieren, und fragte nach Ideen, was man so machen könnte, wozu sie Lust hätten. Als dann die Idee aufkam, gemeinsam in einen Kletterpark zu gehen, war ich natürlich herausgefordert. Ich hatte den Mitarbeitern die Entscheidung in die Hand gegeben, und nicht mitzugehen, kam mir als Chefin gar nicht in den Sinn. Ich wollte dabei sein. Aber was tun?

Also fuhr ich kurz entschlossen vor dem anstehenden Betriebsausflug mit meinem Freund in einen Kletterpark. Schon beim Anlegen der Gurte fingen meine Beine an zu schlottern, meine Knie wurden weich. »So, Ilona. Heute überschreitest du mal deine Komfortzone, du schaffst das«, versuchte ich, mir Mut zuzusprechen. Ich wusste, dass eine der größten Gefahren das typische Anhalten des Atems war.

Schon von Weitem sah ich, wie kleine Kinder – Jungs ebenso wie Mädchen – lachend und juchzend auf den Pfeilern und Pfählen umherkletterten. Es gab Parcours zwischen zwei und zehn Metern Höhe.

Zunächst begab ich mich auf die zweite Stufe des Parcours, wartete, bis eine vierköpfige Gruppe hinaufgeklettert und hinter mir niemand mehr war. Ich hängte meine Sicherung ein und stieg Stufe für Stufe hoch. Gefühlt stand ich fünf Minuten nur da, bis ich den ersten Schritt auf das Seil wagte. Bis zum zweiten Schritt dauerte es auch noch eine ganze Weile. Und selbst dann blieb ich immer mal wieder stehen, um drei tiefe, bewusste Atemzüge zu nehmen. Die ersten Meter ging ich so langsam von Holzbrett zu Holzbrett, aber ich ging. Ein Schritt nach dem nächsten. Nach und nach wurde ich ruhiger und sicherer. Immer wieder erinnerte ich mich daran, ruhig zu atmen.

Nachdem ich den Parcours durchhatte, traute ich mich mutig auf den nächsthöheren, und schließlich entschied ich mich für ein weiteres Level. Danach fing es sehr heftig an zu regnen, so dass wir den Besuch im Kletterpark leider beenden mussten. Aber ich war stolz auf mich. Hatte ich doch etwas geschafft, was ich vorher nicht gekonnt hatte.

Ich hätte mich jetzt mit den Kindern, Jugendlichen oder Erwachsenen vergleichen können. Mit den anderen Besuchern, die fröhlich, selbstbewusst und lachend von Holz zu Holz gesprungen waren. Das tat ich aber nicht, denn ich hatte mir schon vor sehr langer Zeit vorgenommen, mich nicht mehr mit anderen zu vergleichen. Wenn ich mich vergleiche, dann nur noch mit mir selbst. Und zwar heute gegen gestern. Das heißt: Was kann ich zum Beispiel heute, was ich vorher nicht konnte? Und so konnte ich voller Stolz nach Hause fahren, weil ich im Vergleich zu vorher viel erreicht hatte. Für mich sehr viel.

Hätte ich mich mit den Kindern verglichen, die locker-flockig über die hohen Level gewandert waren, hätte ich mich dann genauso stolz und mutig gefühlt?

Ich konnte feiern, dass ich heute etwas getan hatte, was ich mich gestern noch nicht getraut hatte. Ich war mutig gewesen! Aber gut fühlte ich mich auch, weil ich mich nicht mit anderen, sondern nur mit mir selbst verglichen hatte. Meine eigene Komfortzone überschritten hatte. Wohlgemerkt: meine!

*Dein Weg beginnt mit deinem ersten Schritt,*
*egal, wie klein er auch sein mag.*
*Aber er bringt dich deinem Ziel näher.*

# Was denken die anderen?

Ich lebte lange Zeit wie viele andere auch. Ich gründete eine Familie, baute ein Haus, ging zur Arbeit, während die Kinder in der Schule oder im Kindergarten waren. Ich tat das, von dem alle meinten, das wäre ein gutes Leben. Und da ich alles gut machen wollte – am liebsten perfekt –, war ich oft viel zu beschäftigt, um mein eigenes Ding zu machen. Ich überlegte: Wie macht man das? Was erwarten die anderen von dir? Was denken andere über dich? Sind sie böse oder sauer, wenn ich dies oder jenes tue oder sage?

Und mit meinem Wunsch nach möglichst ständiger Harmonie habe ich dann wohl oft irgendwie meinen eigenen Chefsessel abgegeben.

Manchmal bekommt man im Leben ein Geschenk, und dann darf man sich verändern. In meinem Fall war es eine gesundheitliche Krise. Bei mir wurde Borreliose diagnostiziert, aber erst sehr spät.

Zunächst übernahm meine Angst das Steuerrad. Fragen kreisten Tag und Nacht um mich herum. Was wird? Wie schlimm wird es? Kann ich später meinen Alltag noch bestreiten? Fragen über Fragen.

Wie ein Lauffeuer, das man nicht aufhalten konnte, ging die Info über meine Krankheit herum. Sehr viele Menschen – einer schlimmer als der nächste – fingen an, mir liebevoll die Konsequenzen aufzuzählen. Mit jeder Geschichte bekam meine Angst neues Futter.

Bis zu dem Tag, als ich einfach beschloss, die Krankheit als einen liebevollen Helfer auf meinem Lebensweg zu sehen und meine Angst nicht mehr weiter zu versorgen. Ich entschied, mir ab sofort keine weitere dieser Horrorgeschichten anzuhören, und setzte volles Vertrauen auf meine Selbstheilungskräfte. Ich setzte auf eigene Meditationen statt auf starke Medikamente. Ich lernte wieder, mein eigener Chef zu sein. Mutig ging ich meinen Weg, folgte meinem Glauben und vertraute auf meinen eigenen Weg. Natürlich erntete ich zunächst verdrehte Augen und musste mir Sätze anhören wie: »Du musst Medikamente nehmen«, »Du musst …«.

Aber ich fing an, mein Leben zu ändern, und nahm allen Mut zusammen, um das Leben zu führen, auf das ich selbst Lust hatte. Beschloss, noch mehr ich selbst, authentisch zu sein und mir treu zu bleiben. Ich spürte mehr und mehr, wie mich das glücklich und frei machte. Meine Sichtweise zählte, nicht die der anderen. Rücksicht ja, aber keine Selbstaufgabe.

Ich entschied mich unter anderem gegen die typische medizinische Behandlung und setzte auf meinen eigenen Weg, dem ich vertraute.

Als mir dann ein Dreivierteljahr später ein Arzt verdutzt sagte, ich sei gesund, war für mich klar: Ich selbst zu sein, war der Schlüssel. Meine selbst gesprochenen Meditationen und Affirmationen taten ihr Gutes dazu. Ich trainierte meinen Mut, wie man Muskeln trainiert. Immer mehr ging ich meinen eigenen Weg, blieb authentisch und hielt es auch aus, wenn anderen Menschen meine Sicht vom Leben mal nicht gefiel. Ich lernte, auf mein Bauchgefühl, meine Wünsche zu hören, fiel auch mal auf die Nase, stand dann aber wieder auf, wischte die Wunden ab und ging zurück auf meinen eigenen Weg.

Das ist nicht immer einfach, aber es wird von Mal zu Mal, von Woche zu Woche leichter.

Ja, was sagen die anderen? Wie denken sie über mich? Wenn mir diese Fragen heute mal wieder in den Kopf kommen, dann schaue ich hin. Wovor habe ich gerade Angst?

Und gehe dann mit der Antwort zurück auf meinen eigenen Weg.

Und das wünsche ich dir auch!

*Von jeher reden die Menschen über dich,*
*so oder so.*
*Gleichgültig, was du tust.*
*Lebe DEIN Leben, nicht um andere zu beeindrucken,*
*sondern um dich zu beeindrucken.*

# Wann ist es wichtig, mutig zu sein?

Ich habe schon in jungen Jahren oft über Mut nachgedacht. Sowohl übers Mutmachen als auch über das Mutigsein. Mut zu haben, so stellte ich bereits früh fest, ist etwas Tolles, aber manchmal kann es auch etwas Riskantes sein. Besonders nach der nachfolgenden traurigen Geschichte ging ich der Frage »Wann ist es wichtig und richtig, mutig zu sein?« etwas intensiver nach.

Jonny war Anfang zwanzig. Zu Beginn war er für mich das typische Bild eines mutigen jungen Mannes. Oft bewunderte ich ihn für seinen Mut. An diesem Wochenende fuhren wir mit ein paar Leuten, unseren Leichtkrafträdern und Motorrädern über die Dörfer. Jonny gehörte zu den Jungs, die gerne cool und bewundert sein wollten. Das war ihm immer schon wichtig gewesen. An jenem Herbsttag ergab es sich dann in einem Gespräch unter den Jungs, dass er meinte, es sei doch völlig easy, eine gewisse Strecke locker und entspannt auf einem Rad seines Motorrads zu fahren. Das wollten die anderen natürlich sehen.

Am Morgen hatte es geregnet und es lagen schon viele Blätter auf der Straße, so dass es leider zum Sturz kam. Obendrein streifte Jonny, als er über die Straße rutschte, ein entgegenkommendes Fahrzeug. Glücklicherweise kam er mit einigen Prellungen und einem leichten Knochenbruch davon. Und heute ist alles wieder gut, aber das hätte durchaus auch anders ausgehen können.

Dieser Tag hat meine Sichtweise über Mut ein wenig verändert. Ja, Mut ist wichtig, aber wir sollten nur mutig sein, wo es sich auch lohnt.

In welchem Fall ist es sinnvoll, mit Mut voranzugehen? Wo fühle ich mich danach besser und freier? Bringt mir der Mut an dieser Stelle persönlich etwas? Ist es jetzt gerade wichtig für mich, mutig zu sein? Oder wann kann ich es als »Übermut« bezeichnen?

Wo es sich für den einen lohnt, mutig zu sein, muss es sich für einen anderen nicht unbedingt lohnen. Aber das kann nur jeder für sich selbst herausfinden.

# Was kann an einer Krankheit schon gut sein?

Meine Freundin war gerade mal achtundzwanzig Jahre alt, als sie die Diagnose Brustkrebs ereilte. Ein Schock für uns alle, aber für sie selbst natürlich ganz besonders.

Fragen kreisten in ihrem Kopf: Warum ich? Was hab ich falsch gemacht? Wie soll es weitergehen? Muss ich sterben?

Als sie mich vor der Praxis stehend anrief, stockte mir der Atem. Ich konnte kaum denken und setzte mich einfach ins Auto und fuhr zu ihr. Es war wie ein böser Albtraum.

Wir liefen lange durch den nahe gelegenen Wald und ich spürte den Schockzustand, in dem sie sich befand. Eigentlich wusste sie zu dem Zeitpunkt nichts, hatte nichts mehr von dem mitbekommen, was die Ärztin gesagt hatte, außer dass sie Brustkrebs hatte. Plötzlich stand sie vor mir, die Gefühle und Ängste schüttelten sie, und so standen wir Arm in Arm lange Zeit auf dem Waldweg.

Wie hilflos standen wir beide da. Hatten keinerlei Erfahrung, was das alles zu bedeuten hatte, was nun kommen und wie es weitergehen würde.

Ich erinnere mich noch genau, wie sie mehrfach verzweifelt sagte: »Ilona, ich muss sterben. Ich werde sterben!« Die Tränen rollten ihr über das Gesicht und schüttelten sie. Mit Worten wie »Nein, Brustkrebs ist heilbar« oder so ähnlich versuchte ich sie damals zu trösten und zu beruhigen. Aber keines meiner Worte schien zu ihr durchzudringen. Immer wieder kam sie mit der Frage: »Warum ich? Ich arbeite so viel, helfe jedem Menschen. Ich bin doch kein böser Mensch!«

Diesen Tag werde ich nie vergessen.

Dann kam das wohl nicht untypische Prozedere: Chemotherapie, Bestrahlungen, Operation und so weiter. Eine wirklich harte Zeit für meine Freundin. Ihr fielen die Haare aus und sie zermarterte sich den Kopf. »Bin ich jetzt überhaupt noch eine Frau?« Viele innerlich zerreißende Fragen und auch Selbstvorwürfe quälten sie.

Obwohl ich sehr zuversichtlich war, dass mit ihr alles gut werden würde, fing ich doch an, mich auch mit meiner eigenen Sterblichkeit auseinanderzusetzen. Wir Menschen meiden das Thema doch gerne. Über die Geburt eines neuen »Erdenbürgers« können wir uns freuen, aber einen geliebten Menschen gehen zu lassen oder uns selbst vom Leben zu verabschieden, ist nicht einfach.

Am Ende ging alles gut. Meine Freundin war dann fast ein Jahr lang krankgeschrieben und ich spürte, wie sie sich veränderte. Sie nahm das Leben jetzt ganz anders wahr. Vorher hatte sie sehr viel gearbeitet und war eigentlich immer und für jeden eine Hilfe gewesen, wenn man sie gebraucht hatte – ohne Wenn und Aber. Aber nun nahm sie sich mehr Zeit für sich und fing an, die kleinen Dinge mehr zu schätzen. Es freute mich wahnsinnig, diese Veränderungen zu sehen, denn sie blühte regelrecht auf. Sie war vorher schon ein liebenswerter Mensch gewesen, aber nun strahlte sie noch so viel mehr. Ruhe, Zufriedenheit und Stärke machten ihr neues Ich aus. Sie hatte die Krankheit nicht nur angenommen, sondern auch durch sie gelernt.

*Manchmal muss man erst gegen einen Baum rennen, damit man merkt, dass man auf dem Holzweg ist.*[4]

So schlimm die Krankheit auch war, registrierte ich nach und nach, dass sie meiner Freundin dabei half, sich stärker abzugrenzen, ganz besonders auf sich selbst zu achten und bewusster zu leben. Sie nahm nicht mehr alles als selbstverständlich an, sondern erfreute sich bewusst an den kleinen Dingen des Lebens. Und heute kann ich aus meiner rückblickenden Perspektive sagen, dass sie viel fröhlicher und ausgeglichener ist als früher.

Hat jede Krankheit einen positiven Sinn? Ist sie vielleicht ein Helfer während unserer persönlichen Entwicklung?

Seit diesem einen Jahr habe ich mir immer wieder meine eigenen Krankheiten und Lebenskrisen aus einem anderen Blickwinkel angeschaut. Und ich kann für mich im Nachhinein sagen: Alle meine Krisen hatten etwas Positives und brachten mich im Leben vorwärts. An allen bin ich gewachsen und habe dazugelernt. Für jede dieser Erfahrungen bin ich heute dankbar.

---

4) Wilhelm Busch

*Durch Stolpern kommt man auch vorwärts,*
*solange man nicht gleich ganz fällt*
*und liegen bleibt.*

# Ist ein Tor ohne Torwart langweilig?

Stell dir vor, dein Leben wäre wie ein Aufs-Tor-Schießen. Du stehst mit dem Fußball auf dem Bolzplatz und schießt aufs Tor – einmal, zweimal, dreimal … –, und irgendwann kannst du richtig gut aufs Tor schießen. Jedes Mal gelingt dir der Torschuss. Treffer! Genial, du landest einen Treffer nach dem anderen. Einen Erfolg nach dem nächsten. Prima, oder?

Nein? Okay, eine Zeit lang ist es ja ganz schön, locker, leicht und entspannt Tore zu schießen. Aber mal ehrlich: Auf Dauer wird das doch langweilig, oder meinst du nicht? Ist es nicht viel schöner, einen Gegner im Tor zu haben? Man dribbelt links, man dribbelt rechts, versucht, den Torwart auszutricksen. Lernt Techniken, mit denen man um den Torwart herum schießt. Wenn dann ein Tor fällt, fühlt sich das nicht viel erfolgreicher an? Und fühlt man sich nicht großartig, wenn man so viel gelernt und probiert hat, bis man voller Stolz einen Treffer erzielt?

Ist es im Leben manchmal ähnlich?

Ich erinnere mich an eine Frau, die ich während meiner Ausbildung kennenlernte. Sina hatte reiche Eltern, und fast alles, was sie sich in ihrem Leben je gewünscht hatte, bekam sie mit Leichtigkeit. Zum achtzehnten Geburtstag stand ein neuer Kleinwagen vor der Tür. Die Eltern bauten und zahlten ihr ein Einfamilienhaus. Sie wurde in den elterlichen Betrieb eingearbeitet, um ihn später einmal zu übernehmen.

Eines Abends saßen wir lange bei Tee und leckerem Erdbeerkuchen zusammen. Wir sprachen über viele Dinge, vertrauten uns auch gegenseitig private Geschichten an. Unter anderem zeigte Sina mir Fotos von ihrem großen Einfamilienhaus, in dem sie lebte, Bilder aus ihrem Betrieb und von ihrem neuen Sportwagen. »Wow«, sagte ich, »da hast du aber schon ganz schön was erreicht! Du kannst mächtig stolz auf dich sein.«

Ganz plötzlich und völlig unerwartet für mich traten ihr Tränen in die Augen. Mit leicht zuckenden Mundwinkeln sagte sie ganz leise: »Nein, ich bin nicht stolz. Nichts davon habe ICH gemacht. Ich musste noch nie etwas selbst machen. Das ist alles von meinen Eltern. Ich kann nichts und bin nichts.« Sie sackte regelrecht in sich zusammen.

An diesem Abend redeten wir noch sehr lange. Ich erfuhr, dass es ihr alles andere als gut ging. Von außen betrachtet schien ihr Leben so leicht. Sina erzählte mir, dass ihre Eltern es immer gut mit ihr gemeint hatten, sie wollten ihr alles Schwere im Leben abnehmen. Das war schon in der Schulzeit so gewesen. Sie hatten ihr die Pausenbrote geschmiert und sie jeden Morgen mit dem Auto zur Schule gefahren. »Sie wollten mich wohl schon immer vor allem Schweren beschützen«, meinte sie. Dabei wirkte sie unglücklich und verzweifelt.

Plötzlich sah ich sie mit ganz anderen Augen als noch am Tag zuvor. Ehrlich gesagt hatte ich sie wohl ein wenig beneidet, denn ich selbst hatte im Leben anfangs nicht wirklich viel geschenkt bekommen, zumindest nichts Materielles. Meine Eltern besaßen nicht viel Geld, und wenn ich irgendjemanden besuchen oder etwas unternehmen wollte, dann musste ich dort mit dem Fahrrad hin, egal, wie weit es weg war. Als später mein Mann und ich den Traum vom eigenen Haus hatten, verbrachten wir ein Jahr lang fast jeden Tag auf dem Bau. So viel wie möglich machten wir in Eigenleistung, damit wir uns ein schlichtes, einfaches kleines Häuschen überhaupt leisten konnten. Aber was waren wir stolz auf das, was wir mit unseren eigenen Händen geschaffen hatten! Und nicht nur das eigene Haus hatte einen ganz besonderen, persönlichen Wert für mich. Auch in meinem weiteren Leben musste ich immer wieder Hindernisse und Steine aus dem Weg räumen, um vorwärtszukommen. Das war oft sehr mühsam.

Aber wenn ich heute an Sina denke oder an Menschen, denen es ähnlich geht wie ihr, Menschen, denen alles im Leben geschenkt wird, dann betrachte ich es aus einem anderen Blickwinkel.

*Glücklich ist nicht der,*
*der alles hat, was er haben möchte,*
*sondern der, der das schätzen kann, was er hat.*[5]

Ich habe gelernt, mit dem Torwart im Tor aufs Tor zu schießen. Ich musste Hürden überwinden, für viele Dinge kämpfen. Hatte Schicksalsschläge hinzunehmen und musste oft sehr leiden. Dafür hatten die Dinge, die ich erreicht und gelernt habe – diese Tore –, dann einen viel größeren Wert für mich. Meist sogar einen höheren Wert als der materielle.

5) Unbekannter Autor

Ich bin dankbar, in einem behüteten, aber armen Haushalt aufgewachsen zu sein. Bin stolz und glücklich zu wissen, was jeder Euro, den ich heute verdiene, wert ist. Zu wissen, dass Geld nicht vom Himmel fällt. Alles, was ich besitze, und alles, was ich erreicht habe, ist mein persönlicher Wert und Verdienst, und ich kann all dies genießen. Ich bin sogar dankbar für die Schicksalsschläge, die mich haben wachsen lassen.

Sinas Geschichte hat etwas in mir verändert.

Und auch sie hat nach unserem Gespräch einiges in ihrem Leben verändert. Voller Stolz hat sie mir letzte Woche erzählt, dass sie ihre Eltern gebeten hat, den Torwart im Tor zu lassen, sie möchte »richtige Tore schießen« lernen. Ihre Eltern haben natürlich etwas verständnislos geschaut, aber dann hat sie es ihnen erklärt. Sie hat ihnen gesagt, wie dankbar sie ihnen ist, aber nun möchte sie für ihre Ziele, Träume und Wünsche selbst etwas tun, egal, wie groß der Gegenspieler ist.

Sie sagte, es war zunächst kein einfaches Gespräch, aber am Ende haben ihre Eltern sie verstanden und sie fest in die Arme geschlossen.

# Der Angsthase in der Bärenhöhle

Ich liebe die Geschichte vom Angsthäschen in der Bärenhöhle, die meine Mutmacher-Kollegin Tanja Peters auch oft erzählt. Deshalb haben wir beide beschlossen, sie auch hier zu erzählen.

Die Tiere im Wald sterben. Man erzählt sich, der Bär hätte eine Todesliste, und wer draufsteht, der stirbt. Eines Morgens ist der Hirsch tot. Fuchs und Igel treffen sich im Wald und sind ganz aufgeregt. Der Fuchs sagt zum Igel: »Hast du schon gehört? Der Hirsch ist tot. Ich glaube wirklich, der Bär hat eine Todesliste. Und wer draufsteht, der stirbt.« Und die beiden überlegen so, was sie tun können, aber irgendwie fällt ihnen nichts Gutes ein und sie gehen wieder auseinander.

Am nächsten Morgen, wie sollte es anders sein, ist der Fuchs tot. Der Igel läuft durch den Wald und trifft das kleine Angsthäschen. »Du, Angsthäschen, hast du schon gehört? Ich glaube wirklich, der Bär hat eine Todesliste. Wer da draufsteht, der stirbt. Der Hirsch stand drauf. Der Hirsch ist tot. Der Fuchs stand drauf. Der Fuchs ist tot. Und ich, ich bin bestimmt der Nächste.« Die beiden überlegen sich: Was können wir tun? Aber irgendwie fällt ihnen nichts Gutes ein, außer Angst zu haben. Und sie gehen auseinander.

Wie sollte es anders sein: Am nächsten Morgen ist der Igel tot. Das Angsthäschen merkt, es ist irgendwie allein im Wald. Und dann tut es etwas, was es bis dahin noch nie getan hat. Es aktiviert allen Mut, den es aufbringen kann, und macht sich auf zur Bärenhöhle. Dort angekommen, klopft es an.

Der Bär macht seine Höhlentür auf: »Hallo Hase.« »Hallo Bär.« Und das Häschen traut sich zu fragen: »Sag mal, Bär, hast du wirklich eine Todesliste?« »Ja«, sagt der Bär, »hab ich.« Schließlich traut sich der Hase weiterzufragen: »Du, Bär, steh ich drauf auf deiner Liste?« Der Bär brummt: »Ja, schau her, du bist der Nächste.«

Und da aktiviert das kleine Häschen noch mal all den Mut, den es aufbringen kann, und fragt den Bären: »Du, Bär. Kannst du mich von deiner Liste streichen?« Der Bär ist ein bisschen irritiert. Er wundert sich und denkt: Wow, das Häschen traut sich was! Dann sagt er: »Na, klar. Ich streich dich gerne, wo du so nett fragst.« Und dadurch kam es dazu, dass der Angsthase von der Todesliste gestrichen wurde. Und so kam es dazu, dass aus dem Angsthasen ein mutiges Häschen wurde.

Und genauso, wie man dem mutigen Häschen so viel Mut nachsagt, so hat man auch zu mir immer gesagt: »Ilona, du bist eine mutige Frau. Du gehst immer mutig an alle Dinge heran und wir haben das Gefühl, du hast vor nichts Angst. Bist selbstsicher und furchtlos.«

Aber glaube mir, das war nicht immer so. Auch ich hatte früher vor einigen Dingen Angst, aber über die Jahre wuchsen mit jedem klitzekleinen mutigen Schritt mein Glaube und mein Selbstvertrauen. Mit jedem winzig kleinen mutigen Schritt wuchs mein Mut ganz langsam, stetig und wurde immer größer. Er war nicht auf einmal – schwups – da, nein, nicht von jetzt auf gleich, nein, ich habe ihn Schritt für Schritt wachsen lassen.

Und du kannst es auch, da bin ich mir ganz sicher. Schritt für Schritt, egal, wie klein jeder einzelne auch sein mag. Ganz in deinem eigenen Tempo.

Nur Mut!

*Wer kämpft, kann verlieren,*
*wer nicht kämpft, hat schon verloren.*[6]

6) Berthold Brecht

# Wie das Schicksal es manchmal so will

Ich arbeitete seit nunmehr elf Jahren in einem privat geführten kleinen Unternehmen. Ich war glücklich und zufrieden, hatte eine gute, für mich passende Arbeitszeit und wirklich nette Kollegen. Kollegen, mit denen ich mich auch privat gerne traf. In so einem guten Team zu arbeiten ist schon ein Geschenk.

Aufgrund meines privaten Schicksals musste ich meine Kinder allein großziehen und arbeitete in Teilzeit, um am Nachmittag für meine Kleinen zu Hause zu sein.

Obwohl unser Chef mit den Leistungen aller Mitarbeiter sehr zufrieden war, wie er sagte, beschloss er eines Tages, unsere Stunden zu kürzen. Für mich bedeutete das allerdings, dass ich mit dem verbleibenden

Gehalt nicht mehr über die Runden kam, meine Kinder und mich nicht mehr versorgen konnte. Selbst ein Gespräch mit dem Chef, der meine Situation ja kannte, brachte leider keine Änderung. Also sah ich mich notgedrungen nach einem Nebenjob um.

Recht schnell konnte ich als Mutterschaftsvertretung für acht Stunden in der Woche in einem internationalen Konzernbetrieb einspringen. Der Betrieb war keine acht Kilometer von meinem Zuhause entfernt. Es war eine völlig andere Welt und Arbeit, aber die Bedingungen waren gut und für mich passend. So fuhr ich dann von der einen Arbeitsstelle mittags weiter zur anderen. Die neue Tätigkeit war zwar zunächst herausfordernd, aber sie machte mir Spaß.

Es war anstrengend, zwei Arbeitsstellen nebeneinander zu haben und gleichzeitig die Kinder zu versorgen, aber es war die Lösung, die sich für mich zu diesem Zeitpunkt bot. Als der neue Chef mir dann nach kurzer Zeit offenbarte, wie zufrieden er mit mir sei und dass er mich ganz ins Boot holen wolle, geriet ich ins Schwanken. Es gefiel mir doch an meinem anderen Arbeitsplatz so gut, dort hatte ich außerdem tolle Kollegen. Das gibt man nicht so einfach auf. Die neue Aufgabe würde eine große Veränderung mit sich bringen und ich müsste vieles lernen, aber ich hätte dann nur noch einen Arbeitsplatz, würde weniger Stunden arbeiten, dabei jedoch mehr verdienen.

Das Argument, dass ich dann mehr Zeit für meine Kinder haben würde, gab den Ausschlag. Von den alten Kollegen verabschiedete ich mich mit einem lachenden und einem weinenden Auge. Das war nicht leicht. Besonders, weil ich meinen alten Chef das erste Mal mit Tränen in den Augen sah. Sein Satz »Da hab ich wohl zu hoch gepokert« berührte mich doch sehr.

So kam es, dass ich den Arbeitsplatz wechselte, was ich wohl nicht getan hätte, wenn ich aufgrund der Stundenkürzung nicht in Zugzwang geraten wäre. Wer verlässt schon gerne ein Schiff, auf dem er sich so wohlfühlt? Aber das Leben ist halt Veränderung. Nichts bleibt, wie es ist.

Ich fing mit achtzehn Stunden in der Woche an, die sich über wenige Jahre, in denen meine Kinder größer und erwachsen wurden, schnell auf vierundzwanzig, achtundzwanzig, zweiunddreißig und dann fast auf Vollzeit erhöhten. Auch hier, so stellte ich schnell fest, hatte ich wirklich nette Kollegen. Es war ein bunt gemischtes Team von Charakteren, aber ich mochte sie irgendwie alle – jeden auf seine Art.

Dann war es an der Zeit, dass mein Chef den Ruhestand anstrebte. Eines Tages nahm er mich zur Seite und sagte, er könne sich vorstellen, dass ich den Betrieb an seiner Stelle übernehme. Oh, nein, das konnte ich mir gar nicht vorstellen! Ich hatte mich zwar sehr gut eingearbeitet und kannte mich bestens aus, aber Geschäftsführerin? Nein, das konnte ich mir nicht vorstellen. »Ich hab das doch nicht studiert, ich hab doch gar keine Erfahrung!«, sagte ich. »Wie soll das gehen? Außerdem leben meine Kinder noch zu Hause, und das hat nach wie vor Priorität, auch wenn sie inzwischen groß sind.«

Er akzeptierte das, und so kam es, dass wir übergangsweise einen Geschäftsführer bekamen, der gleichzeitig die deutsche und die holländische Niederlassung leitete. Er sprach anfangs kein Deutsch, somit verliefen alle Gespräche auf Englisch. Das war für meine Kollegen und mich eine kleine Herausforderung. Ich hatte mich zwar während der letzten Jahre intensiv in der englischen Sprache weitergebildet, aber nun musste auch ich wirklich alles auf Englisch klären. Unser neuer Geschäftsführer pendelte wochenweise zwischen Houten in den Niederlanden und unserem Standort in Norddeutschland hin und her.

Schon nach ganz kurzer Zeit teilte er den Kollegen mit, dass ich während seiner Abwesenheit die Ansprechpartnerin sei. Das ehrte mich natürlich, und so lernte ich auch sehr viel. Die Arbeit machte Spaß und brachte mich oftmals an die Grenzen meiner Komfortzone und auch darüber hinaus. Besonders als ich in die internationalen Telefonkonferenzen eingebunden wurde, war es zunächst eine echte Herausforderung für mich. Aber es machte mir Spaß, die verschiedenen Kulturen und Menschen aus der ganzen Welt kennenzulernen.

An einem Morgen dann – ich erinnere mich noch an das schöne sonnige Wetter – standen plötzlich meine Kollegen vor meinem Schreibtisch. Ich stutzte wohl nicht schlecht, als ich bemerkte, dass sie fast alle versammelt waren. Ich hatte doch nicht Geburtstag. Sie sagten, dass sie es gerne sehen würden, wenn ich die Geschäftsführung übernähme. Ich schluckte, denn damit hatte ich überhaupt nicht gerechnet. Sie hatten sich alle Gedanken gemacht, wer wohl der Nachfolger für den holländischen Kollegen sein würde. Und sie waren einstimmig der Meinung, dass ich das gut machen könnte. Ich war gerührt, musste aber erst einmal kräftig schlucken. Ich gab zu bedenken, dass ich von Geschäftsführung keine Ahnung habe, schließlich hatte ich weder Betriebswirtschaft studiert noch hatte ich eine technische Ausbildung genossen.

Sie versprachen mir, mich alle zu unterstützen, wenn ich es machen würde. Daraufhin versprach ich, über ihr Anliegen nachzudenken.

Nur wenige Tage später bekam ich eine Einladung von der Konzernleitung nach Norwegen. Und was glaubst du, was die von mir wollten? Ja, genau, sie boten mir die Leitung der deutschen Niederlassung an. Ich war zunächst sprachlos und gleichzeitig verunsichert. Wie gesagt, ich hatte weder Betriebswirtschaft studiert noch eine vergleichbare Ausbildung genossen. Ich dachte daran, dass ich vor nicht mal vier Jahren hier als Mutterschaftsvertretung für acht Stunden in der Woche angefangen und kaum ein Wort Englisch außer dem Schulenglisch gesprochen hatte.

Kurz zuvor waren meine Kinder zu Hause ausgezogen. Sie standen nun auf ihren eigenen Füßen, und das sehr gut. Von der Seite stand dem also nichts mehr entgegen. Ich musste nur meinen Mut zusammensammeln und mich auf ein neues, noch unbekanntes Abenteuer begeben.

Aber ich wagte den Schritt, ich vertraute auf mich und auf das Team. Und wie sich später zeigte: zu Recht.

Das Team unterstützte mich tatkräftig und wir brachten das Schiff gut über alle Stürme, die uns in den folgenden Jahren in der Schiffbaubranche erwarteten. Wir waren die kleinste Niederlassung des Konzerns, aber die mit den besten Ergebnissen. Ich verließ mich auf mein Bauchgefühl, meine Intuition und wurde von meinem Team tatkräftig unterstützt. Mit dem von mir aufgestellten Ziel, jeder möge morgens mit einem Lächeln zur Arbeit kommen und abends mit einem Lächeln wieder gehen, waren wir erfolgreich. Wir entwickelten uns zu einem Team (ich nenne es gerne eine zweite große Familie), das sich gemeinsam an einen Tisch setzte – Service, Technik, Buchhaltung und Vertrieb. Gemeinsam fanden wir für alles eine Lösung und hatten dabei mächtig Spaß.

Tja, manchmal fordert das Leben ein wenig Mut, die eigene Komfortzone zu verlassen. Und manchmal muss man eine Tür schließen, ohne zu wissen, was sich hinter der neuen befindet.

An dem Tag, an dem ich mich entschied, zusammen mit den Kollegen das große Abenteuer zu wagen, fiel mir eine Postkarte in die Hände, die daraufhin auf meinem Schreibtisch ihren festen Platz bekam. Darauf stand: »Habe keine Angst, etwas Neues in deinem Leben auszuprobieren. Denke einfach daran, dass Amateure die Arche erbaut haben und Profis die Titanic.«

War das Zufall, dass mir diese Karte mit genau diesem Spruch an diesem Tag in die Hände fiel? Ich glaube nicht. Sie steht noch heute an meiner Seite, um mich daran zu erinnern.

*Warte nicht, bis das Schiff anlegt,*
*schwimme auf das Schiff zu*
*und genieße den Weg dorthin.*

# Ist hübsch zu sein immer gut?

Als junges Mädchen beneidete ich die hübschen Mädels und Jungs in der Zeitschrift Bravo. Die Mädchen hübsch, mit idealer Figur, begehrt und bewundert. So wollte ich auch sein. Ich denke, das kennen viele Teenager, oder?

Ich fand mich nicht hässlich, war einfach Durchschnitt. Aber mit meinen Mädels schauten wir oft auf unsere sogenannten »kleinen Problemzonen«. Ich hatte zu viel Busen, eine Zeit lang fand ich meine naturkrausen blonden Haare blöd. Einmal durch den Regen gelaufen, sah ich aus wie ein Dauerwellenkopf. Die Richtlinien sagten zwar, mein Gewicht sei im unteren Normalgewichtsbereich, aber wir Mädels schauten auf die schlanken Beine der Models und wünschten, wir würden auch so aussehen. Jungs wollten doch nicht solche Durchschnittsmädchen, wie wir es waren – so dachten wir zumindest.

Bis ich Mandy kennenlernte. Mandy war eines der hübschesten Mädchen, die ich je gesehen hatte. Lange und volle dunkle Haare, dicke, schöne Lippen. Lange schlanke Beine, stahlblaue Augen. In meinen Teenageraugen völlig makellos. Sie konnte die Miss Deutschland sein. Alle Jungs redeten nur über sie. Jeder Junge schaute ihr nach, wenn sie durch die Disko lief. Ich hatte nie mit ihr gesprochen, aber man kannte sie halt. Jeder kannte die hübschen Mädchen.

An jenem Tag war ich mit meiner Freundin Lisa in der örtlichen Disko. Lisa war gerade von einem Jungen zum Tanzen aufgefordert worden und ich stand für einen Moment allein am Rande der Tanzfläche. Laute Diskomusik hallte durch den Raum. Plötzlich sagte jemand neben mir: »Ich beneide euch.« Als ich mich umsah und merkte, von wem das gekommen war, muss ich wohl mit Augen, so groß wie ein Auto, geschaut haben. Starr und regungslos stand ich da. Nein, sie konnte nicht mich gemeint haben. Mandy, das Traumfigur-Mädel, stand neben mir und blickte mir tief in die Augen. Nach einer ganzen Weile – gefühlt ewig – sagte sie es noch einmal: »Ich beneide euch.« Ich glaube, ich stand immer noch blöd auf sie starrend und wortlos da, bis ich dann irgendwann fragte: »Wie meinst du das?«

Dann fing sie an zu reden. Und weil wir uns aufgrund der lauten Musik so schlecht verstehen konnten, begaben wir uns in eine der ruhigeren Sitzecken.

Die bildhübsche Mandy erzählte mir, welchen Kummer sie damit hatte, dass sie so gut aussah. Ich schluckte ein paarmal und fragte mich, warum man Kummer hat, wenn man hübsch ist. Sie schien meine Frage zu ahnen und meinte: »Die Jungs, die ich mag, die ich gerne kennenlernen möchte, die trauen sich nicht, mich anzusprechen. Dabei bin ich doch ganz normal, nicht anders als die anderen. Und die Jungs, die mich ansprechen, wollen mich nur zum Vorzeigen haben. Wollen cool sein und vor ihren Freunden protzen, was für eine tolle Freundin sie haben. Oft machen sie sich nicht mal die Mühe, mich wirklich kennenzulernen, denn wenn sie merken, dass mich die anderen Jungs anstarren, dann werden sie gleich eifersüchtig. Dabei tue ich doch gar nichts. Das ist wie verhext! Ich kann machen, was ich möchte. Ich wünschte mir, ich wäre so natürlich wie ihr. Ja, wie ihr zwei beiden. Euch mögen die Jungs, und ich sehe immer, wie nett ihr euch mit denen unterhaltet.«

Ich weiß nicht mehr, wie lange wir dasaßen und redeten, aber es war ziemlich lange. Irgendwann gesellte sich Lisa zu uns. Ich sah an ihrem Gesicht, dass auch sie verwundert war, dass Mandy mit mir sprach.

Es dauerte ein wenig, bis ich begriff und wirklich verstand. Wir wollten wie Mandy sein, und sie wollte sein wie wir. Verrückt, oder? Mandy hatte all ihren Mut zusammengenommen und mich angesprochen. Nun fuhr sie fort: »Weißt du, Ilona, das Schlimmste aber ist, dass mich Mädchen wie ihr nicht mögen. Für euch scheine ich eine Konkurrenz zu sein und viele halten mich für arrogant und eingebildet. Dabei möchte ich so gerne wie ihr sein. Ich bin doch auch nur ein Mensch.«

Ihre letzten Worte blieben tief in mir hängen. Und von jenem Tag an war ich endlich zufrieden mit mir und meinem Äußeren, denn eigentlich hatte ich alles an mir, was ich brauchte. Ich fing an, meinen Körper so zu akzeptieren und mich anzunehmen, wie ich war. Ich fing an, mich aus einem neuen Blickwinkel zu betrachten. Plötzlich war ich glücklich so, wie ich war, so natürlich, wie Mandy es gesagt hatte, und so normal.

*Sich selbst so anzunehmen, wie man ist, und sich auch so zu lieben, ist das größte Fundament für ein zufriedenes und glückliches Leben.*

# Posties

Grün ist für mich die Farbe der Hoffnung, der Natürlichkeit und auch der Wertschätzung.

Ich liebe die Vielfältigkeit unter uns Menschen, die Andersartigkeit eines jeden von uns. Im Unternehmen konnte ich das besonders wahrnehmen. Es entspricht meiner Natur zu sagen, was ich denke. Wenn ich beispielsweise bei jemandem etwas gut finde, dann habe ich meist auch das Bedürfnis, es der Person zu sagen.

Als ich allerdings als Chefin ein Lob aussprach, stellte ich schnell fest, wie unterschiedlich das ankommen konnte. Leider kam es nicht bei jedem meiner Mitarbeiter gleich an.

Da gab es zum Beispiel den Typ Mensch, der es besonders liebte, vor versammelter Mannschaft gelobt zu werden.

Dann gab es die Kollegen, die ein Lob in der Öffentlichkeit eher als peinlich empfanden. Ich erkannte, dass man es in einem solchen Fall besser hinter verschlossenen Türen und sehr behutsam anbringt. Mir wurde also bald klar, dass gut gemeinte Worte auch völlig nach hinten losgehen können.

Als Chefin hatte ich mir unter anderem auf die Fahne geschrieben, alle Kollegen gleichzubehandeln, wollte dabei aber auch auf individuelle Bedürfnisse eingehen. Ich denke, fast jeder gute Vorgesetzte kennt diesen inneren Konflikt auf irgendeine Art und Weise.

Trotzdem wollte ich weiterhin mein Lob und meine Wertschätzung einfach rüberbringen, wenn es mir aus dem Herzen sprach.

Also fertigte ich grüne Posties an, auf denen ein Smiley mit Daumen hoch und entweder ein »well done« (weil wir ja international tätig waren) oder ein »gut gemacht« standen. Schon nach einiger Zeit sah man viele Posties in der Firma umherwandern. Die einen hängten sie sich an die Pinnwand, andere sammelten sie lieber unter der Schreibtischunterlage oder gar in der Schublade.

Aber was mir besonders gut gefiel, war, dass nicht nur ich die grünen Zettel nutzte, sondern die

Kollegen ebenfalls anfingen, sich gegenseitig Lob auf Posties zu schreiben und diese zu verteilen. Sie motivierten sich damit gegenseitig mit ihrer Wertschätzung.

Was so ein kleiner grüner Zettel mit Daumen hoch doch bewirken kann. Ich war wieder mal positiv überrascht.

# Macht Geld glücklich?

Vielleicht macht Geld glücklich, aber ich durfte lernen, dass das nicht immer der Fall ist.

Peter kam schon seit vielen Jahren zu mir als Mandant in die Praxis. Ein sehr sympathischer junger Mann. Wir kannten uns nicht privat, aber er kam regelmäßig einmal im Jahr, meist im März oder April. Als ich ihn vor einigen Wochen fragte, ob ich seine Geschichte erzählen dürfe, strahlte er und meinte nur: »Liebend gern. Wäre doch schön, wenn andere Menschen die Weisheit und Erfahrung erleben, ohne so zu leiden, wie ich es getan habe.«

Jedes Jahr, wenn Peter zu mir kam, um seine Steuererklärung zu erstellen, gab es einiges zu erzählen und wir lachten viel. Er schien, soweit ich es aus meiner Sicht beurteilen kann, ein aufgeschlossener, herzensguter Mensch zu sein. Jemand, den fast jeder mochte. Er war unkompliziert und ausgeglichen, schien immer völlig zufrieden mit seinem Leben. Er war verheiratet, hatte zwei gesunde Kinder und lebte in der Nachbarschaft.

Eines Tages kam er zu mir und erzählte mir, dass er sechs Wochen zuvor über fünf Millionen im Lotto gewonnen hatte. Er strahlte übers ganze Gesicht. Ich sehe es im Geiste noch vor mir. Höre ihn förmlich noch erzählen. Er wollte es eigentlich geheim halten, aber irgendwie wussten doch schon alle Leute nach einem Tag Bescheid. Er erzählte mir, dass er sein Leben dadurch nicht wirklich verändern wolle, weil ja auch so schon alles gut und er glücklich sei. Er wollte weiterarbeiten, vielleicht seine Arbeitszeit etwas reduzieren, um mehr Zeit für die Kinder zu haben. Er freute sich aber, dass sein Leben jetzt noch leichter werden würde. Von dem Gewinn hatte er für sich und seine Familie im benachbarten Dorf ein Haus gekauft, eine große Summe in Fonds angelegt und nun überlegte er, wem er in der Familie und im Freundeskreis helfen könne; einige konkrete Ideen hatte er bereits. In der Familie hatte er zwei Paaren einen größeren Betrag geschenkt, weil sie in finanzieller Not waren, und er hatte einem gemeinnützigen Verein vor Ort eine großzügige Spende überwiesen. Als er davon erzählte, strahlte er vor Glück.

Ich freute mich so sehr für ihn. Ich liebte es, die positiven Geschichten meiner Mandanten zu erfahren. Und diese war ja sehr außergewöhnlich. In seinem Fall kam mir ein Gedanke: Das ist genau der richtige Mensch für einen Lottogewinn. Der hat es wirklich verdient. Er strahlte vor Glück, aber er schien da auch ganz vernünftig mit umzugehen.

Oft dachte ich in dem darauffolgenden Jahr an Peter, hörte aber weiter nicht viel von ihm.

Als er dann im nächsten Jahr bei mir vor der Tür stand, glaubte ich meinen Augen nicht zu trauen. Da stand nicht der Peter, den ich in all den Jahren beraten hatte. Nicht der strahlende junge Mann. Erschrocken registrierte ich, wie schlecht und im Gesicht eingefallen er aussah. Er wirkte blass, seine Gesichtszüge waren ernst und seine Augen strahlten Traurigkeit aus.

Als wir uns ins Büro setzten, war sein erster Satz: »Ich wünschte, ich könnte den Tag vor einem Jahr, als ich im Lotto gewann, rückgängig machen.« Ich schluckte zunächst und verstand nicht, wie er es meinte. Noch bevor wir uns an die Arbeit machten, fing er aber an zu erzählen. Es sprudelte regelrecht aus ihm heraus. Er hatte es wirklich ernst gemeint, er würde den Tag X gerne rückgängig machen. »Ich habe versucht, alles beim Alten zu belassen. Hatte das Geld gut angelegt, ein Haus für meine Familie gekauft und ein paar Menschen geholfen, von denen ich glaubte, dass sie es nötig hatten. Ich verschenkte ein paar Tausende in der Familie und an Freunde. Wollte doch nur was Gutes tun. Wollte doch nur helfen.« Verzweiflung schwang in seiner Stimme mit. Sein Blick wurde noch trüber. »Aber dann fingen alle an, sich einzumischen. Jeder meinte, mir sagen zu müssen, was ich mit meinem Geld zu machen habe, wem ich was geben und wem ich nichts geben solle. Freunde kamen und sagten: Wenn du dem was gibst, dann musst du auch dem was geben. Ich spürte, dass plötzlich Leute meine besten Freunde sein wollten, die sich vorher kaum für mich interessiert hatten. Die Jungs aus der alten Clique meinten, ich könnte ja nun jede Runde ausgeben. Das wäre ja auch kein Problem gewesen, aber sie neideten mir meinen Gewinn und ließen abfällige Bemerkungen fallen. Ich habe versucht, mich trotz des Geldes nicht zu verändern, aber die Menschen um mich herum haben sich verändert – alles um mich herum hat sich verändert! Die einen sind neidisch und eifersüchtig, die anderen machen auf gut Kumpel, aber ich spüre, dass sie nur mein Geld wollen.«

Plötzlich brach der sonst so toughe Mann in Tränen aus. Er schluchzte. »Und jetzt möchte meine Frau, dass ich aufhöre zu arbeiten, um mich noch mehr um die Kinder kümmern zu können. Wir haben den größten Krach, den unsere Beziehung je erlebt hat. Aber ich liebe meine Arbeit. Und ich liebe meine Frau.«

Nach einer kurzen Pause fuhr er fort: »Die Kinder werden in der Schule gehänselt und kommen weinend nach Hause. Ich wünsche mir nichts sehnlicher, als diesen ganz besonderen Tag vor einem Jahr rückgängig zu machen!« Die Verzweiflung, die in seiner Stimme mitschwang, machte deutlich, dass er das völlig ernst meinte. Ich war berührt, geschockt und wusste zunächst gar nicht so recht, was ich sagen sollte.

Inzwischen geht es Peter wieder besser und einiges hat sich reguliert. Sein Wunsch jedoch, so sagt er noch immer, ist geblieben. Er wünschte, dieser Tag wäre nie passiert. Er hat nie wieder angefangen, Lotto zu spielen.

Für mich hatte diese Geschichte eine tiefgreifende Bedeutung. Ich gewann eine ganz neue Sichtweise auf das Thema Geld. Wie sagt man so schön? Geld beruhigt. Zu wenig Geld beunruhigt. Zu viel Geld macht aber nicht unbedingt glücklich.

In meinen Augen hatte Peter einen guten Ansatz, wie er mit so viel Geld umgehen wollte, aber er musste auch viel lernen. Er musste Erfahrungen machen. Heute sagt er, das sei seine größte Lebenserfahrung gewesen. Sehr viel hat sich in seinem Umfeld verändert. Und inzwischen sieht er auch das Gute an dieser Tragik: Er hat die Menschen um sich herum besser kennengelernt. Neue, echte, ehrliche Freundschaften haben sich gebildet. Von einigen Menschen, die er früher als Freunde bezeichnet hatte, hat er sich aber auch getrennt.

# Mokkapudding

Ich war Anfang dreißig, als die schlichte und einfache Frage meiner Freundin an einem Mittwochabend – »Magst du lieber Schokoladenpudding oder Mokkapudding?« – eine große Veränderung in mein Leben brachte.

Anerkennung und Liebe sind zwei der Urbedürfnisse eines jeden Menschen, das wusste ich schon. An diesem Abend erzählte ich Leni von einem Gespräch mit meiner Kollegin. Berichtete ihr, dass ich das Gefühl hatte, von ihr abgelehnt zu werden, egal wie viel Mühe ich mir gab, nett zu ihr zu sein. Und ich fragte sie um Rat, was ich noch tun könne.

Daraufhin fragte sie mich, ob ich Schokopudding oder Mokkapudding bevorzuge. Leni wusste genau, dass ich Mokka nicht mochte, es absolut nicht mein Geschmack war. Als ich »Schoko« sagte, erwiderte sie: »Und Mokka magst du nicht, richtig?« Das konnte ich nur bejahen. Darauf erklärte sie mir: »Mokkapudding schmeckt halt nicht jedem. Alles ist Geschmackssache. Frag dich nicht, was du verkehrt gemacht hast, dass deine Kollegin dich nicht mag. Erinnere dich immer daran. So wie nicht jedem Mokkapudding schmeckt, kannst du auch nicht jedem gefallen.«

Als ich später zu Hause im Bett lag, dachte ich noch lange über ihre Worte nach. Oft war ich in der Vergangenheit Konflikten aus dem Weg gegangen, aus Angst, jemanden zu verletzen. Oder gar aus Angst, die Anerkennung und Liebe zu verlieren. Manchmal war ich zu beschäftigt, mein Ding zu machen, weil mich die Familie brauchte. Oft gestaltete ich meine Freundschaften und Beziehungen nicht so, wie ich es wollte, nur um möglichst immer in Harmonie zu leben. An diesem Abend wurde mir schlagartig klar, welch aussichtsloses Bemühen das im Grunde war. Denn wie konnte ich davon ausgehen, dass alle Menschen mich mögen würden?

Ich lernte zu akzeptieren, dass ich nicht der Geschmack meiner Kollegin war. Von da an respektierten wir einander, aber wir liebten uns nicht. Und da ich ja wusste, dass Anerkennung ein natürliches Grundbedürfnis des Menschen ist, machte ich mir auch nicht weiter Vorwürfe. Von da an vertrat ich meine Meinung, ging dem Konflikt nicht mehr aus dem Weg.

Heute bleibe ich mir selbst treu, und auch wenn andere mal nicht meiner Meinung sind, mache ich in vielen Bereichen mein Ding. Das macht mich frei und glücklich.

Wenn du also zukünftig mal nicht die Anerkennung oder die Aufmerksamkeit eines Menschen erhältst, die du dir wünschst: Vielleicht denkst du dann an Mokkapudding. Oder an etwas, was du persönlich nicht so magst.

*Verändere dich niemals für andere,*
*denn es gibt Menschen,*
*die dich so lieben, wie du bist.*[7]

7) Unbekannter Autor

# Visionswand

Als ich gestern in einer alten Arbeitsmappe stöberte, entdeckte ich plötzlich längst vergessene Notizen. Notizen, die ich mir vor Jahren zu Beginn meiner Reise zu meinen Herzenswünschen gemacht hatte. Und ich stellte mit Freude fest, dass alle meine Notizen (notierten Träume) den Weg in die Wirklichkeit gefunden haben. Ein sehr bewegender Moment.

Ich überlegte kurz: Wie fing das eigentlich alles an?

Vor dreieinhalb Jahren waren Susann und ich in Scharbeutz. Im Nachbarort, wenn man direkt am Strand entlangläuft, gibt es eine traumhafte Buchhandlung. Seit Jahren mache ich dort immer mal wieder halt, um in den ausgestellten Büchern zu stöbern, und nicht selten hat mich eines davon mit nach Hause begleitet.

An jenem warmen Junitag ließen wir es uns so richtig gut gehen, mit einem Snack und Getränk im Rucksack wollten wir zwei an der Küste entlangwandern. Einfach ohne konkretes Ziel die Sonne, den Strand und das Meer genießen. So liefen wir barfuß durch den vom Meer befeuchteten Sand in Richtung Süden. Auf dem Rückweg zeigte ich Susann diese besondere Buchhandlung. Von außen sah sie aus wie ein asiatischer Tempel und drinnen hörten wir leise, entspannende Klänge. Wie viele andere stöberten wir durch die Bücherreihen und zeigten uns gegenseitig immer wieder, was wir Schönes, Inspirierendes gesehen hatten. Am Ende entschieden wir uns unabhängig voneinander, jeweils ein Buch als Urlaubslektüre mitzunehmen. Interessanterweise waren beide Bücher vom gleichen Autor, von John Strelecky. Als wir das entdeckten, mussten wir natürlich erst einmal lächeln.

Als wir später bei mir in der Wohnung ankamen, machte Susann den Vorschlag, ob wir nicht während des Urlaubs die Bücher tauschen wollten, dann hätte jeder doch zwei Bücher zu lesen. Da sie rund vierhundert Kilometer von mir entfernt wohnte, war ein späteres Tauschen nicht so schnell möglich.

So kam es, dass ich ihr Buch las und sie meines.

Am Ende war ich von beiden Büchern, die schon sehr unterschiedlich waren, fasziniert. In einem entdeckte ich, dass es zu diesem Thema sogar in Deutschland einen Stammtisch gab. Dabei ging es um die Big Five, die Herzenswünsche, wie ich sie gerne nenne. Die Dinge, die man gerne tun, sehen oder erleben möchte. Obwohl der Stammtisch über einhundertfünfzig Kilometer von mir entfernt stattfand und ich dafür einmal quer durch Hamburg fahren musste, beschloss ich, mir das mal anzusehen.

So lernte ich Sabine und Peter kennen, die beide sehr eng mit John befreundet waren und hier in Deutschland die »Big Five for Life«-Stammtische vertraten. Man traf sich einmal im Monat und tauschte sich über seine Big Five, also seine Herzenswünsche, aus und bekam jedes Mal Tipps und Inspirationen aus der Gruppe. Oft lernte man Menschen kennen, die einem helfen konnten, die eigenen Herzenswünsche umzusetzen, oder man selbst konnte jemand anderem bei der Verwirklichung seiner Träume helfen. Jedes Treffen in den folgenden Monaten war für mich bereichernd, und es war die Reise wert. Nicht nur, weil ich dadurch auch viele nette Menschen kennenlernte. Es war immer ein Geben und Nehmen. Ich habe dort sehr viel gelernt, viele konnten aber auch von mir lernen, so dass eine lebensbejahende Atmosphäre entstand und sich eine positive Energie entwickele.

Als Peter dann vor drei Jahren eine Art »Discovery-Workshop« für die eigenen Herzenswünsche anbot, war ich sofort dabei und ging auf eine Reise, meine eigenen inneren Herzenswünsche zu erforschen. Am Ende dieses Workshops hatte ich schon eine ziemlich klare Vorstellung davon, was ich im Leben gerne noch erleben, was ich sehen und tun möchte, wofür ich – ich, Ilona – brenne und wobei in mir die innere Leidenschaft entfacht wird.

Von da an fing ich an, mich jeden Tag, wenn auch nur für zehn bis dreißig Minuten, mit meinen Herzenswünschen zu beschäftigen. Diese Zeit plante ich fortan fest in meinen Tagesablauf ein. Mal las ich über meine Wünsche, mal sprach ich mit jemandem, der die gleichen Wünsche bereits umgesetzt hatte.

Ich hatte schon oft in meinem Leben tolle Ideen, war dann auch immer Feuer und Flamme, sie umzusetzen. So manches Mal musste ich mir allerdings eingestehen, dass viele Aktivitäten dann wieder verloren gingen und ich es nicht konsequent und dauerhaft durchzog. Da ich befürchtete, dass mir das in diesem Fall wieder passieren könnte, musste ich was tun.

So dachte ich mir eines Tages, dass ich meine Herzenswünsche stets gegenwärtig haben muss, damit ich sie nicht aus den Augen verliere, sie nicht vergesse.

Deshalb kam mir die Idee, mir eine Visionswand zu basteln. Ich stellte mir einen großen Bilderrahmen mit vielen kleinen Bilderrahmen darin vor. Als ich von meiner Vision im Freundeskreis erzählte, kam sofort die Idee von einem Freund, dass man aus Türrahmenleisten einen Rahmen an die Wand zaubern könnte. Gesagt, getan. So baute ich mir einen großen Rahmen und hängte ihn an die Wand. Dann nahm ich mir meine Herzenswünsche vor und überlegte mir jeweils, wie ich sie auf Papier bringen könnte. Dazu holte ich mir Inspiration aus Zeitschriften, nutzte ein paar Spruchkarten und zeichnete Bilder. Auf diese Weise stellte ich mir meine eigene Zukunftsvision zusammen. Ich überlegte mir: Wer soll in Zukunft Teil meines Lebens sein, wer ist mir wichtig? Was sind meine Träume, was möchte ich noch sehen, tun und erleben?

Auf diese Weise entstand meine eigene Zukunftsvision visuell an meiner Wand. Und immer, wenn ich Gitarre spiele, wenn ich lese oder am Schreibtisch sitze, dann habe ich meine Zukunft vor Augen.

Als ich nun gestern meine damaligen Notizen so vor mir sah, hob ich den Blick auf meine Visionswand. Und nun wurde mir auf einmal ganz warm ums Herz und noch mal bewusst: Diese Visionswand, die ich mir hier vor drei Jahren gebastelt habe, ist inzwischen meine Realität.

*Liebe, was du tust, oder tue, was du liebst!*

Ich hatte zwischenzeitlich viele Dinge umgesetzt, von denen ich damals nicht den Ansatz einer Ahnung gehabt hatte, wie ich das – und vor allem in meinem Alter ;-) – umsetzen konnte. Und nun ist es die Wirklichkeit, ist es mein Leben. Ich sitze da vor meinen Notizen und der Bilderwand, lächle und denke: Alles ist möglich. Wer an sich, seine Kräfte und Wünsche glaubt, kann alles erreichen, was er sich erträumt. Ein Traum ist nur eine Möglichkeit, die darauf wartet, in die Realität zu kommen.

*Träume gehen nur in Erfüllung,*
*wenn man etwas dafür tut und selbst daran glaubt.*[8]

8) Unbekannter Autor

# Denken wie ein Kind

Dies ist die Geschichte von Jan und dem kleinen Mädchen. Jan war mit seiner Familie an die amerikanische Küste geflogen, um Freunde zu besuchen und Urlaub zu machen. Sie verbrachten dort eine schöne gemeinsame Zeit.

Nach zwei Wochen beschloss Jans Familie, einen amerikanischen Einkaufsbummel zu unternehmen. Da Jan, wie viele andere Männer, kein großer Bummelfan war, beschloss er, diesen Tag allein zu verbringen, mit dem Auto an die Küste zu fahren und einen ausgiebigen Spaziergang am Strand zu machen. Das tat er dann auch. Das Wetter war geradezu einladend: strahlend blauer Himmel, der leichte Seewind und kilometerlanger weißer Sandstrand.

Jan genoss die Stille. Es war noch früher Morgen und außer ihm kaum jemand am Wasser. Es war Ebbe.

Er zog sich Schuhe und Socken aus und wanderte durch den weichen Sand, fühlte die morgendliche Sonne wärmend in seinem Gesicht.

Nachdem er schon länger geschlendert war, sah er von Weitem ein kleines Mädchen. Er schätzte es auf das Alter seines jüngsten Sohnes, vielleicht zehn Jahre alt. Das Mädchen schien ganz allein am Strand zu sein und Jan sah, wie es sich immer wieder bückte, etwas aufhob und es dann ins Meer schmiss.

Als Jan sich ihr näherte, sprach er sie an: »Oh, so ganz allein hier am Strand, junge Dame? Was machst du da?«

Das Mädchen blickte auf, sah ihm ins Gesicht und meinte nur: »Ich rette die Seesterne. Meine Eltern kommen auch gleich, aber ich wollte schon mal anfangen.«

»Soso, du rettest Seesterne«, meinte Jan mit einem leichten Schmunzeln im Gesicht.

»Klar, die müssen ja sonst sterben, wenn sie nicht zurück ins Wasser kommen«, erwiderte das Mädchen kurz.

»Aber es gibt Tausende von Seesternen hier am Strand, die kannst du doch nicht alle retten. Die ganze

Küste ist voll von gestrandeten Seesternen, das bringt doch nichts. Unmöglich, die alle zu retten.«

Das kleine Mädchen bückte sich erneut, hob einen weiteren Seestern auf und warf ihn unbeirrt ins Wasser. »Für diesen hier habe ich was bewirkt. Dem hat es was gebracht.«

Als Jan mir vor einigen Jahren von diesem Erlebnis berichtete, war ich sehr berührt. Kinder denken oft nicht darüber nach, sie handeln einfach. Agieren einfach aus dem Herzen heraus.

# Mein Sonnenschein

Mein Sonnenschein, das ist der Sohn meiner besten Freundin. Er war im letzten Jahr im Alter von dreiundzwanzig Jahren zum zweiten Mal an Leukämie erkrankt. Ich nannte ihn »mein Sonnenschein«, weil er Profi darin war, den Menschen ein Lächeln ins Gesicht zu zaubern. Er hatte immer einen kecken Spruch auf Lager und ein kleines, verschmitztes Lächeln um die Lippen. Man konnte ihm nie lange böse sein, weil er einen mit seinem sonnigen Gemüt im Herzen berührte.

Im Alter von elf Jahren hatte er schon einmal die Leukämie besiegt, deshalb zweifelten wir anfangs alle nicht eine Sekunde, dass er es noch einmal schaffen würde. Und trotzdem stellte der erneute Ausbruch der Krankheit sein Leben und das seiner Familie, seiner Schwester und Mutter, völlig auf den Kopf. Zwar war relativ schnell eine Stammzelltransplantation möglich, aber leider holte ihn die Spender-gegen-Wirt-Krankheit ein. Bei dieser Krankheit wird auch gesundes Gewebe angegriffen. In seinem Fall waren sowohl die Haut und die Schleimhäute als auch die Leber mit betroffen. Es war für alle, besonders natürlich für ihn, eine sehr schwere Zeit. Anfang des Jahres kam er zum ersten Mal in die Uniklinik, und lange wurde diese zu seinem »zweiten Zuhause«. Es begann ein Auf und Ab der Gefühle, Tage zwischen Bangen und Hoffen.

Ich möchte euch hier von einem besonderen Tag während dieser Zeit erzählen. Inzwischen war seit der erneuten Diagnose schon mehr als ein halbes Jahr vergangen. Unser Sonnenschein war mal wieder zur Chemo im Uniklinikum und es sah alles gar nicht gut aus. Die Tage waren vom Krankenhausalltag geprägt, weiße Wände, Spritzen, Infusion, Übelkeit, und immer wieder musste sich der Sohn meiner Freundin übergeben. Ich wusste, wie gerne er Musik machte, wie gerne er laut irgendwelche Lieder sang. Deshalb beschloss ich, meine Gitarre mitzunehmen. Als ich jedoch ankam und er mich wieder mal so liebevoll mit seinem strahlenden Gesicht begrüßte, sah ich es schon: Seine Haut an Fingern und Händen war aufgeplatzt, überall wund. Sofort überkam mich ein schlechtes Gewissen und ich dachte: War wohl keine so gute Idee, die Gitarre mitzunehmen. Dabei liebte er es, auf der Gitarre zu zupfen. Später hörte ich, dass er zu Hause die Gitarre seines Stiefvaters nie anfassen durfte. Tja, ich rechnete mit einem enttäuschten Gesicht. Aber nichts, er strahlte über beide Ohren und nahm die Gitarre auf seinen Schoß zu sich ins Krankenbett. Alle zwei bis drei Minuten hing er über der Spuckschüssel, aber dazwischen lächelte er wie ein Honigkuchenpferd und zupfte so gut es ging auf den Saiten herum. Dann bat er mich, für ihn zu spielen. Obwohl auch seine Schleimhäute sehr stark angegriffen waren, fing er an zu singen. Wir lachten, erzählten Witze, alberten und sangen. Zwischendurch kamen immer wieder Ärzte und anderes Personal herein, um zu sehen, was bei uns los war.

Ich hatte das Gefühl, dass selbst die Ärzte und Schwestern ein wenig dankbar für die Abwechslung waren. Auf jeden Fall kann ich sagen, dass unser »Kleiner« an diesem Tag mal ein wenig (wenn auch immer nur minutenweise) Pause von seinem Kranksein-Alltag hatte. Wir sprachen mal für ein paar Stunden nicht über seine Krankheit, sondern lachten und alberten, als gäbe es das Krankenhaus gar nicht. Dieser Tag war für mich ein ganz besonderer Tag. Auch wenn ich dem jungen Mann nicht mehr Tage zum Leben schenken konnte, so konnte ich ihm für diesen einen Tag mehr Leben schenken. Das Bild dieses Tages – dieses Gesicht – ist das, was ich mir als meine Erinnerung fest eingeprägt habe.

Auch wenn wir ihn am 22. Oktober dann verabschieden mussten, so werde ich in dankbarer Erinnerung behalten, was er mich gelehrt hat. Er war ein junger Mann, der vor Zuversicht und Vertrauen in das Leben nur so strahlte. Jemand, der den Kopf nie einfach in den Sand steckte, sondern mit großer Hoffnung kämpfte und sich bis zum letzten Tag seinen Optimismus und das Lachen bewahrte.

Lasst uns öfter daran denken, dass wir dem Leben nicht immer mehr Tage geben können. Aber wie wichtig es ist, dass wir den Tagen immer mal wieder mehr Leben geben.

*Das Wort »Leben« kommt von »leben«.*

Und das nicht nur, wenn wir krank sind.

*Was nützt der schönste Ausblick,*
*wenn du nicht aus dem Fenster schaust.*

# Das Glücklichsein kannst du nicht delegieren

Ich saß im Mai mit einem netten älteren Herrn – Fred war sein Name –, den ich beim Wandern kennengelernt hatte, auf einer Dachterrasse und trank Kakao. Er war Gynäkologe und in einer Klinik tätig. Irgendwie kamen wir ins Philosophieren und sprachen unter anderem über »Glück«. Nachdem wir uns gefragt hatten: »Wie erlangt man das Glück?«, waren wir uns einig, dass man vor allem auch lernen müsse, mit dem, was man erhält und erlebt, zufrieden zu sein.

Ich sagte bzw. fragte ihn: »Dann kann man sich ja nie etwas wünschen?« Darauf erzählte er mir etwas, was mir bis heute in Erinnerung geblieben ist. »Doch, Ilona, man kann sich etwas wünschen. Vorausgesetzt, man tut dies mit derselben Einstellung wie der ängstliche Vater, mit dem ich vorletzte Woche kurz nach der Geburt seines Kindes gesprochen habe. Ich sagte zu ihm: ‚Sie haben sich bestimmt einen Jungen gewünscht, es ist aber ein Mädchen!' Da erwiderte der junge Vater: ‚Ach, das macht wirklich nichts, denn ich habe mir ein Mädchen gewünscht für den Fall, dass es kein Junge wird.'«

Was immer geschieht, es liegt an uns, ob wir darin Glück oder Unglück sehen.

Ich habe die Erfahrung gemacht, dass ich nicht immer bekommen kann, was ich gerne möchte. Bestimmt geht es dir genauso. Also sollten wir vielleicht lernen, das zu mögen, was wir bekommen.

Während der Wandertour, bei der ich Fred kennenlernte, fragte er einen Schäfer, wie das Wetter an diesem Tag werden würde. Da antwortete der Schäfer: »So wie ich es gerne habe.« Woher konnte der Schäfer wissen, dass das Wetter so wird, wie er es liebt? Dann erzählte er, dass auch er die Erfahrung gemacht hatte, nicht immer alles zu bekommen, wie er es mochte. Deshalb hatte er gelernt, immer das zu mögen, was ihm gegeben wird. Aus diesem Grunde war er sich ganz sicher, dass das Wetter an diesem Tag so werden würde, wie er es gerne mag.

Auch wenn es uns nicht immer und jeden Tag gelingen wird, das zu lieben, was uns passiert, so können wir es doch zumindest versuchen. Je mehr wir lernen, das Gegebene anzunehmen, desto glücklicher werden wir.

*Die Menschen sind so glücklich,*
*wie sie es sich vorgenommen haben.*[9]

Ich warte nicht mehr, dass mich andere oder die Umstände glücklich machen. Ich schaffe mir selbst das alltägliche Glück. Denn Glücklichsein können wir nicht delegieren, das müssen wir selbst produzieren.

*Da es der Gesundheit förderlich ist,*
*habe ich beschlossen, glücklich zu sein.*[10]

---

9) Abraham Lincoln

10) Voltaire

# Glaube und Vertrauen oder Angst

Tom saß vor mir und erzählte mir von seinem Traum. Er würde gerne mal ein Musical machen. Mit leuchtenden Augen stellte er sich begeisterte Sängerinnen und Sänger vor, eine Geschichte, die es zu erzählen gibt, und tolle Musik. »Musik und Gefühl zu kombinieren wäre einfach klasse«, sagte er mir. Seine Augen strahlten und die Begeisterung schwappte zu mir rüber. Ich bekam sofort Lust zu singen. Aus seinen Erzählungen konnte ich mir schon ein richtiges Bild machen. Er wollte ein Musical inszenieren und die Einnahmen für einen guten Zweck spenden.

Aber dann meldeten sich Selbstzweifel und Toms Gesicht verfinsterte sich. »Bin ich gut genug dafür? Lässt sich das überhaupt umsetzen? Das kostet doch so viel Geld!«, platzte es aus ihm heraus. Und so ging es weiter. Das Leuchten in seinen Augen war plötzlich verschwunden, und die Energie, die eben noch so klar zu spüren gewesen war, wich Angst und Unsicherheit.

Wie oft passiert es, dass eine Idee, ein Projekt, eine Leidenschaft nicht gelebt wird, weil sie oder es zu groß erscheint. Und wie oft wird die Frage gestellt: »Wer bin ich schon, dass ich etwas in die Welt bringen kann?«

Viel spannender ist es doch, die Frage umzudrehen: »Wer bin ich, dass ich es nicht in die Welt bringe?« Ist nicht genau an so einem Zeitpunkt der richtige Moment für meine Idee, meine Inspiration, meine Leidenschaft? Je authentischer und klarer wir in dem sind, was wir tun, desto mehr ziehen wir mit unserer Energie andere Menschen an, reißen sie vielleicht sogar mit. Jede Idee beginnt mit dem ersten Schritt, und manchmal geht es nach drei Schritten auch wieder einen zurück. Aber das macht doch nichts. Dann heißt es: »Weiter, einen Schritt nach vorn!«

*Man weiß nie, wozu man fähig ist,*
*bis man aufsteht und beschließt,*
*es zu versuchen.*[11]

Tom machte den entscheidenden Schritt und startete einen Aufruf für das Projekt »Laienchor-Musical«.

---

11) Buddhistische Weisheit

Es überraschte ihn, wie viele Menschen zu diesem ersten Treffen kamen. Er hatte noch keinen wirklichen Plan, welches Musical und wie er das umsetzen sollte, zumal er selbst ein Laie in Sachen Musik war. Völlig aufgeregt stand er nun vor den vielen Menschen und erzählte von seiner Vision. Als sich dann noch zeigte, dass sich ein Kantor einer benachbarten Gemeinde unter den Interessierten befand, wuchs seine Zuversicht. Sein Glaube und sein Vertrauen siegten über die Angst.

Und so fingen sie zunächst mit einer kleinen Gruppe an, die sich von Woche zu Woche vergrößerte. Sie entschieden sich für die Geschichte des John Newton (»Amazing Grace«), der sich vom Sklavenhändler zum gläubigen Pfarrer entwickelt hatte. Über eineinhalb Jahre traf man sich regelmäßig, um zu singen. Kostüme wurden genäht, das Bühnenbild wurde entworfen, es wurde viel gelacht und gesungen.

Schließlich waren mehr als fünfzig Menschen an diesem Projekt beteiligt und es gab drei ausverkaufte Vorstellungen in den örtlichen Kirchen. Das Publikum war begeistert. Und am Ende konnten aufgrund der ehrenamtlichen Tätigkeit der einzelnen Beteiligten mehr als viertausend Euro gespendet werden. Was für ein Erfolg!

Dieses Projekt zeigte uns deutlich, dass es nur entweder Glaube und Vertrauen oder aber Angst gibt. Beides kann nicht gleichzeitig in uns sein. In diesem Fall haben Glaube und Vertrauen über die Angst gesiegt und es ist ein Projekt entstanden, das viele Menschen inspiriert hat. Viele sind über sich hinausgewachsen, Freundschaften und Gemeinschaften haben sich entwickelt.

Toms Traum wurde Wirklichkeit. Aber das wurde er nur, weil Tom im Glauben und Vertrauen an dieses Projekt herangegangen ist und seine anfänglichen Ängste und Zweifel überwunden hat.

Mögen Glaube und Vertrauen öfter mal Angst und Zweifel besiegen.

# Körperhaltung und Gefühle

Ich lernte Suse bei einem Lehrgang in Norwegen kennen, und danach arbeiteten wir einige Jahre lang über die Landesgrenzen hinaus zusammen. Suse war eine sehr ruhige, aber zuverlässige Kollegin. Wir trafen uns regelmäßig auf den sogenannten »Global Meetings«. Aber ich sah sie in den ersten zwei Jahren unserer Zusammenarbeit nie lächeln. Immer war sie ernst bei der Sache und wirkte oft kraftlos und gestresst. Meist lief sie mit hängendem Kopf und runtergezogenen Schultern umher. Bei all dem war sie stets höflich und zuvorkommend.

Bis zu jenem Treffen im Frühjahr in Amsterdam. Ich muss gestehen, ich musste zweimal schauen, um sicher zu sein, dass sie es war, die ich vor mir hatte. Das erste Mal sah ich ein strahlendes Lächeln in ihrem Gesicht. Ihre Haltung war aufrecht und sie wirkte selbstsicherer als jedes Mal zuvor. Mir war, als hätte ich einen völlig neuen Menschen vor mir. An ihrem Äußeren – an Kleidung oder Haarschnitt – hatte sich nichts geändert, und trotzdem strahlte Suse etwas aus, das ich an ihr noch nicht kannte.

Als wir abends noch auf ein Glas Wein im Hotel zusammensaßen, verriet sie mir, dass sie eine Haltungsschulung gemacht hätte. War sie früher eher gebückt und mit gesenktem Kopf durch die Welt gelaufen, hatte sie sich bei diesem Seminar eine andere Körperhaltung angewöhnt. Mit strahlendem Gesicht erzählte sie mir: »Meine Gefühle haben sich dabei dermaßen verändert. Ich fühlte mich allein schon durch die aufrechte Haltung besser.« Sie erzählte mir noch, welche Übungen sie gemacht hatte, welchen Unterschied sie spürte, wo der Blick hingeht, wenn man gebeugt läuft, und vieles mehr.

Ich hatte sie nur wenige Wochen nicht gesehen, aber auf mich hatte sie jetzt eine ganz neue Ausstrahlung. Völlig verändert wirkte sie auf mich – im positiven Sinne. Ich war fasziniert und freute mich für sie.

Später stellte ich fest, dass sich das Verhalten der Kollegen ihr gegenüber ebenfalls zu verändern schien. Empfanden sie plötzlich mehr Respekt ihr gegenüber? Lag das auch an ihrer veränderten Ausstrahlung?

Das erinnerte mich an Charlie Brown aus der Comicserie »Die Peanuts«. Ich habe noch das Bild vor mir, auf dem er sagte: »So stehe ich, wenn ich deprimiert bin.«

Hast du mal versucht, aufrecht zu stehen, die Arme in die Höhe zu strecken – gen Himmel – und dich dabei bedrückt zu fühlen? Hast du mal versucht, die Mundwinkel mit den Händen hochzuziehen und dabei länger trübsinnig zu sein?

Ich habe es versucht, und beides ist mir nicht gelungen. Wenn ich die Mundwinkel hochziehe oder wenn ich aufrecht stehend die Arme gen Himmel strecke, dann verändert sich automatisch mein Gefühl, und das in positiver Hinsicht. Probiere es gerne mal aus!

# Was können wir allein bewegen?

Ich möchte dir von einer einfachen, aber besonderen Frau berichten.

An einem Montag klopfte es an meine Tür. Als ich öffnete, blickte mich eine Briefträgerin an. Ich konnte mich nicht erinnern, sie jemals zuvor gesehen zu haben. Ansonsten kam fast immer ein Briefträger, der in der Nachbarschaft wohnte. »Guten Morgen, Frau Friederici«, sagte sie fröhlich. »Mein Name ist Isabell. Ich bringe Ihnen ab sofort die Post. Ich wollte mich einmal vorstellen und Sie kennenlernen. Und ein wenig über Sie herausfinden, wer Sie sind und was Sie so machen.« Ich konnte nichts Auffälliges an ihr entdecken und spürte sofort eine Aufrichtigkeit. Natürlich war ich ein wenig überrascht. Seit Jahrzehnten bekam ich Post, aber ich hatte außer einem kurzen »Hallo« oder »Guten Tag« noch keine persönliche Begegnung mit einem

Briefträger gehabt. Irgendwie aber war ich nun beeindruckt.

»Ich bin als Geschäftsführerin tätig, aber ich glaube, das ist nicht sehr interessant für Sie«, sagte ich. »Reisen Sie dann öfter?«, fragte sie mich, ohne weiter darauf einzugehen. »Nicht sehr oft, aber alle paar Wochen oder Monate mal für drei bis sechs Tage.« Sie nickte nur kurz und fragte dann: »Soll ich Ihre Post in dieser Zeit zurückhalten und sie Ihnen ausliefern, wenn Sie wiederkommen? Ein voller Briefkasten lässt ja vielleicht Einbrecher auf dumme Gedanken kommen.« Für einen Moment war ich sprachlos, sagte dann aber, dass das nett, aber nicht nötig sei.

Sie ließ sich davon nicht beirren und schlug mir Folgendes vor: »Was halten Sie davon, wenn ich die Post, während Sie abwesend sind, so lange in den Briefkasten werfe, bis er nicht mehr zugeht, und den Rest unter Ihr Carport lege, wo es niemand sehen kann?«

Jetzt kam ich kurz ins Grübeln, ob diese Dame wirklich von der Post war. Aber irgendwie hörte sich ihr Vorschlag gut an und ich willigte am Ende ein.

Als ich ein paar Wochen später von einer Geschäftsreise zurückkam, hatte ich einen Zettel im

Briefkasten mit der Aufschrift: »Liebe Frau Friederici, ich habe Ihnen ein Paket auf die Terrasse gestellt, da, wo es nicht zu sehen ist. Liebe Grüße Isabell«.

Sie hatte dafür einmal um das Haus laufen müssen. Und das hatte sie getan, obwohl ihre Zeit, wie die eines jeden Postboten, sehr eng getaktet war. Das nannte ich mal einen echten Kunden- und Dienstleistungsservice. Ich war beeindruckt.

Jedes Mal, wenn ich Isabell sah, wirkte sie sehr zufrieden und glücklich. Sie hatte immer ein nettes Wort auf den Lippen, selbst bei Regen und Hagel.

Isabell ist ein Paradebeispiel für eine selbst motivierte Mitarbeiterin. Es zeigt mir wieder, dass jeder etwas bewirken kann! Sie fühlte sich gut, weil sie für andere wertvoll ist, ohne dass es sie etwas kostet, außer vielleicht ein paar Minuten Zeit am Tag. Seit Jahren hatte ich meine Post bekommen, es war die Dienstleistung, für die wir Porto bezahlen. Aber Isabells Dienstleistung schätzte ich besonders. Und ich merkte immer wieder, wie wohl sie sich mit ihrer Art zu helfen und ihrer Arbeitsweise zu fühlen schien und wie gut es ihr damit ging. Vielleicht ja, weil zwischen ihr und den Anwohnern eine Art Beziehung entstanden ist.

Martin Luther King Junior sagte einmal:

*»Wenn ein Mann zum Straßenkehrer berufen ist, dann sollte er Straßen kehren, wie Michelangelo gemalt, Beethoven komponiert oder Shakespeare gedichtet hat. Er sollte so gut Straßen kehren, dass alle im Himmel und auf der Erde innehalten und sagen werden: Hier lebte ein großer Straßenkehrer, der seine Arbeit gut gemacht hat.«*

Es gibt keine unwichtige Arbeit, nur Leute, die sich während der Arbeit unbedeutend fühlen. Es bringt mehr Anerkennung und Zufriedenheit, ein erstklassiger Schuhverkäufer zu sein als ein drittklassiger leitender Angestellter. Deshalb: Egal, wer du bist und was du beruflich machst, mach das Beste daraus und sei gut!

Wie sagte Abraham Lincoln?

*»Was auch immer Sie sind – seien Sie gut darin.«*

# Das Strassendinner

Ich möchte dir von einem besonderen Menschen und von einem für mich außergewöhnlichen Tag erzählen.

Rolf war in meinen Augen ein ganz besonderer Mensch. Die Kinder nannten ihn liebevoll »Opa Rolf«, weil er es liebte, ihnen Tiere aus Luftballons zu knoten. Wie oft sah ich, dass fremde Kinder sich wie selbstverständlich auf seinen Schoß setzten und an seinem grauen Rauschebart zupften. Es war immer ein schönes Bild, und ich erinnere mich fast ausschließlich an lachende Gesichter.

Aber noch viel mehr liebte Rolf die Musik. Das Gitarrespielen, aber fast noch mehr die Ukulele. Wenn er mit Gitarre oder Ukulele vor einem stand, dann sah man die Leidenschaft nur so aus ihm heraussprühen. Ich glaube, er hat fast jeden Menschen, mit dem er in

Kontakt kam, versucht, von der Musik oder besser vom Musizieren zu überzeugen.

Rolf war einzigartig. Er machte sich nicht viel aus der Meinung anderer oder aus dem für uns Menschen so typischen Drang, Geld zu verdienen. Vor vielen Jahren hatte er seinen Beruf an den Nagel gehängt, um sich ausschließlich der Musik zu widmen. Rolf gab Unterricht und brachte musikbegeisterte Menschen zusammen. Er gründete einige Ukulelen- und Gitarrengruppen und war stets mit Herzblut bei der Sache. Für jeden, der von seiner Begeisterung angesteckt wurde, machte er es möglich, Unterricht zu bekommen. Es ging ihm nicht ums Geldverdienen, sondern vielmehr darum, den Menschen das Musizieren möglich zu machen.

Ich selbst habe viel von ihm gelernt. Und nicht nur im Bereich des Gitarrenspiels. Auch menschlich war er für mich ein Vorbild.

An diesem besonderen Tag im Frühling war es draußen noch eher kalt und grau. Der Boden war feucht und die Sonne hatte es nicht leicht, sich ihren Weg durch den Nebel zu kämpfen. Ich spielte gerade drei Jahre Gitarre, und nun lud Rolf mich zu einem Straßendinner ein.

»Was ist ein Straßendinner?«, fragte ich ihn, denn ich konnte mir darunter nichts vorstellen.

In den letzten zwei Jahren waren zahlreiche Flüchtlinge nach Deutschland gekommen. Viele von ihnen hatten aufgrund von Krieg oder Terror ihr Land verlassen, teilweise ohne jedes Hab und Gut. In dem Stadtteil, in dem Rolf wohnte, so wusste ich, waren bereits Flüchtlinge untergekommen.

Rolf hatte zusammen mit zwei anderen Frauen die ganze Nachbarschaft, sprich den gesamten Stadtteil, zu einem Straßendinner eingeladen. Aus Schulen und öffentlichen Einrichtungen hatten sie Tische besorgt, diese einfach auf eine verkehrsberuhigte Straße gestellt und alle dazu eingeladen, etwas für ein gemeinsames Essen mitzubringen – egal, was. Mich hatte er gebeten, meine Gitarre mitzubringen.

Als ich ankam, sah ich schon reges Treiben auf der Straße. Viele Familien hatten sich um die lange Tischreihe versammelt. Jedes Alter war vertreten und Familien verschiedenster Herkunft waren zusammengekommen. Als ich auf die Tische schaute, traute ich meinen Augen nicht. Die unterschiedlichsten Speisen und Getränke standen dort. Ich wurde von einer Familie begrüßt, die ich gar nicht kannte. Sie baten mich, Platz zu nehmen und ihr Mitgebrachtes zu probieren. Wie sich zeigte, kamen sie aus Syrien.

Es dauerte eine ganze Weile, bis ich endlich bis zu Rolf durchkam. Sein Strahlen werde ich immer in Erinnerung behalten. Lautes Geschnatter und Lachen drang durch die Straße und er war glücklich. Er saß am Ende der Tischreihe und spielte Gitarre. Er begrüßte mich kurz, wandte sich dann aber einer Schar kleiner Kinder zu. »Opa Rolf, wir möchten noch ein Luftballontier haben!«, riefen sie aufgeregt. »Machst du uns noch eins?« Konnte Rolf da nein sagen? Nein, er setzte sich wieder hin, fragte nach den Wunschtieren und fing an zu knoten.

Ich war überwältigt, was hier an diesem Tag auf der Straße passierte. Man unterhielt sich mit Händen und Füßen, teilweise mithilfe der englischen Sprache. Einige der Flüchtlinge, die gekommen waren, konnten bereits ein wenig Deutsch und probierten sich aus. Eine ganze Zeit unterhielt ich mich mit zwei jungen Müttern, die mir von ihrer tragischen Geschichte erzählten und wie sie nach Deutschland gekommen waren. Weil sie einen Volkshochschulkurs besucht hatten, sprachen die beiden schon relativ gut Deutsch. Ansonsten halfen wir uns mit Händen und Füßen.

In diesem Moment wurde mir mal wieder bewusst, wie gut wir es doch hier haben. Wie schön es ist, an einem friedlichen Ort auf der Erdkugel zu leben. Ich stellte mir kurz vor, wie es mir wohl ginge, wenn ich ohne Hab und Gut in einem anderen Land ankommen und weder Kultur noch Sprache des Landes kennen würde. Wenn ich alles zurückgelassen hätte, vielleicht sogar einen Teil meiner Familie. Die Vorstellung erschreckte mich. Umso mehr freute ich mich, dass hier so viele Deutsche mit Menschen aus den Flüchtlingsgebieten an einem Tisch saßen, obwohl sie einander nicht kannten.

Mir wurde noch einmal klar, wie wichtig es ist, dass wir gastfreundlich sind, dass wir den Menschen in dieser Notsituation helfen. Es hätte ja auch andersherum sein können.

Nach einer ganzen Weile des Staunens und Kostens der verschiedenen leckeren Speisen sah ich ein Pärchen in geringer Entfernung auf der Wiese sitzen. Sie hatten es sich auf einem großen Stein gemütlich gemacht. Ein junger Mann und eine junge Frau. Der Mann hatte eine kleine Mandoline auf dem Schoß und spielte eine schöne Melodie. Es war nichts typisch Deutsches, eher wohl etwas aus seiner Heimat. Nachdem ich eine Weile zugehört hatte, stand Rolf neben mir und meinte: »Nimm doch deine Gitarre und setz dich zu den beiden.« Zunächst zögerte ich, denn der Gedanke, noch gar nicht gut genug zu spielen, kam mir in den Kopf. Schließlich hatte ich ja erst vor drei Jahren angefangen, Gitarre zu spielen. Rolfs aufmunternder Blick veranlasste mich dann aber doch, meinen Mut zusammenzupacken und die Gitarre zu nehmen. Mit einer leeren Colakiste bewaffnet, die mir ein netter Herr vom Lieferwagen in die Hand drückte – er hatte unser Gespräch wohl mit angehört –, ging ich zu dem jungen Paar auf die Wiese. Inzwischen standen vier weitere Personen bei den beiden, von denen nur zwei deutscher Nationalität zu sein schienen.

Das Pärchen lächelte mir freundlich entgegen. Ich drehte die Colakiste um und setzte mich zu ihnen. Als ich meine Gitarre auspackte, war ich ein wenig aufgewühlt und nervös. Warum eigentlich?, fragte ich mich.

Die Mimik und Gestik der beiden war aber so einladend, dass das komische Bauchgefühl ganz schnell wieder verschwand. Für eine Weile hörte ich dem jungen Mann weiter zu, wie er spielte. Dann fing ich einfach an, ein paar Klänge auf der Gitarre mitzuspielen. Ich überließ es meinem Gefühl und meinem Gehör. So kam es, dass wir gemeinsam spielten. Auf einmal kamen weitere Nachbarn zu uns herüber, und irgendwann klatschten sie sogar im Takt.

Ich kann die Atmosphäre, die an diesem Tag dort herrschte, leider nicht in Worte fassen. Es war wie Kommunikation ohne Worte – unbeschreiblich. Schließlich kannte ich die Sprache der Flüchtlinge nicht, ebenso wie sie meine nicht kannten. Die Blicke und das Lächeln jedes Einzelnen sprachen eine eigene Sprache.

*Wir Menschen können mit Liebe*
*Brücken bauen.*

So spielten wir für mich zunächst undefinierbare Rhythmen, die ein warmes Gefühl in mir auslösten. Und wenn es nicht nach ungefähr einer Stunde angefangen hätte zu regnen, dann hätten wir da wohl noch ewig zusammen im Gras gesessen.

An diesem Tag spürte ich mal wieder, wie sehr wir Menschen doch verbunden sind. Egal, wie unterschiedlich wir aufgewachsen sind, etwas ist doch in uns allen gleich.

Sind wir nicht alle gleich, ob schwarz oder weiß, ob groß oder klein und egal, wo auf der Erde wir geboren wurden?

Möge es überall so friedlich bleiben, wie ich es an diesem Nachmittag auf dieser Straße erlebt habe!

# Was können wir gemeinsam bewegen?

Jeder Mensch ist einmalig, jeder hat seine eigenen Stärken und Schwächen. Aber was können wir als einzelner Mensch bewegen? Und was als Team?

Vor einigen Jahren ergab sich in unserem Betrieb eine ausschweifende Diskussion darüber, wer wie wichtig in einem Betrieb sei. Es war eine sehr heiße, aber auch lustige Diskussion.

Daraufhin nahm ich mir einige Tage später einen Vergleich vor, über den die Kollegen nachdenken durften. Dazu möchte ich erzählen, dass wir in unserem Betrieb in der deutschen Niederlassung die Bootsaussetzvorrichtungen für unsere Rettungsboote konstruiert und gebaut haben.

Also stellte ich die Frage in den Raum, wie viel Kraft eine Winde und ein Davit (die Aussetzvorrichtung) entwickeln können. Was können sie bewegen? Das ist nicht wenig, wenn man bedenkt, dass sie Rettungsboote und Tenderboote aussetzen und wieder einholen. Wir schauten uns die einzelnen Teile an: den Freilauf, den E-Motor, das Getriebe, die Bremse, die Kabeltrommel, Drahtseile, Bolzen etc. sowie auch all die Kleinteile. Wir stimmten überein, dass jedes dieser Teile – jedes für sich – eine Besonderheit, eine besondere Fähigkeit und Einzigartigkeit besitzt. Für sich allein, so stellten wir fest, können sie nur wenig bewegen, doch wenn man sie alle zusammenbaut und jedes Teil seine Fähigkeit richtig einsetzt, dann bewegen sie richtig viel.

Danach verglichen wir das Ganze mit unserem Unternehmen und stellten besondere Fähigkeiten der einzelnen Mitarbeiter fest. Vom Lageristen, Servicemonteur, Buchhalter, Ersatzteil-Ein- und Verkäufer über Service Manager, technische Manager, Geschäftsführer bis hin zur Reinigungskraft.

Wir stellten uns auch die Frage: Wie viel kann jeder Einzelne bewegen und wie viel können wir gemeinsam bewegen, wenn wir alle gut zusammenarbeiten und jeder seine besonderen Fähigkeiten mit einbringt? Wir hatten im Jahr zuvor Millionenbeträge bewegt, aber nur aufgrund der guten Teamarbeit.

Uns allen war schnell klar, dass jeder, auch die Reinigungskraft, einen wichtigen Teil zu dem Ergebnis beigetragen hatte. Würde auch nur einer fehlen, würden wir bei Weitem nicht so viel bewegen – wenn wir überhaupt etwas bewegten. Oft beurteilen wir die Arbeit einzelner Kollegen als weniger wertvoll, vielleicht weil sie weniger Geld verdienen. Aber wenn wir sie nicht haben, dann kann das ganze System zusammenbrechen.

Ein Kollege warf die Frage in den Raum: »Stellt euch vor, die Reinigungskräfte würden nicht mehr sauber machen – wie würde dann nach Wochen oder gar Monaten unsere Anlage aussehen?«

Wir stellten aber auch fest, dass schnell die ganze Energie verloren gehen kann, wenn einer im System nicht mitzieht. Sowohl bei der Davit-Anlage als auch im Mitarbeiterteam.

Jeder Einzelne ist also wichtig, das sollten wir nie vergessen. In meinen Augen sind sogar alle gleich wichtig.

# Herr Nilsson

Eine meiner Lieblingsgeschichten aus Kinderzeiten ist »Pippi Langstrumpf« von Astrid Lindgren. Erinnerst du dich noch an Herrn Nilsson, den kleinen dünnen Affen?

Als ich mit meinen Kindern im Zoo war und so ein junges Äffchen sah, da überlegte ich: Was für ein armes Kerlchen, der kleine Herr Nilsson. So ein kleiner Affe, hager und schlaksig, einen richtigen Hals hat er auch nicht. Fehlkonstruktion.

Dann sprang der Kleine auf einen Baum, kletterte und hangelte sich ganz locker und easy mit viel Spaß von einem Ast zum nächsten. Da dachte ich: Wow, Mann, Affen sind verdammt gute Kletterer. Das kann ich nicht! Und ich hatte zuvor an eine Fehlkonstruktion gedacht.

Da kamen mir zwei etwas erschreckende Gedanken:

Wie schnell wir manchmal etwas oder jemanden beurteilen und dabei so komplett falsch liegen können. Ganz besonders, wenn wir zum Beispiel Menschen nur für kurze Zeit oder in nur einer Situation erleben.

Und zweitens, wie wichtig die Umgebung ist, damit du das, was du gut kannst, erkennst.

Wir Menschen ändern uns nämlich nicht komplett und grundsätzlich. Wenn wir als Affe geboren wurden, machen auch zehn Jahre Psychotherapie aus uns in diesem Leben kein Kamel.

Ein guter Psychotherapeut würde das Äffchen nicht fragen und darüber reden, warum es denn keinen langen Hals oder Höcker hat, wie seine Kindheit war und was es mit seinen Großeltern zu tun hatte. Der wird dich fragen: Was willst du, was kannst du, was sind deine Stärken? Denn das ist doch viel sinnvoller, als an deinen Schwächen herumzudoktern.

Wenn du das nächste Mal denkst, du müsstest so sein wie all die anderen, dann ist es vielleicht nur ein kleiner Trost, aber du bist einmalig und andere gibt es schon genug. Was du dann tun kannst, ist, dich anzuschauen, dich selbst kennenzulernen und dich zu fragen: Bin ich in der richtigen Umgebung? Wenn ich ein Herr Nilsson – ein Affe also – bin und in der Wüste lebe, dann bin nicht ich daran schuld, dass es nicht läuft. Dann muss ich vielleicht besser in einen Wald gehen. In kleinen Schritten, Schritt für Schritt in Richtung Wald. Und wenn ich dort angekommen bin, dann springe ich einfach von Baum zu Baum. Dann weiß ich, wie es sich anfühlt, in meinem Element zu sein, in meiner Welt zu sein.

Ich bin so was von dankbar, dass ich mich immer wieder daran erinnere, wer ich – ich persönlich – bin und wo ich hingehöre. Das war auch bei mir nicht immer so, aber heute vergesse ich das nicht mehr.

Ich war schon mein Leben lang ein eher kreativer Kopf mit eigenen Ideen und Vorstellungen. Das war damals in der Steuerberatung nicht wirklich günstig. Da gab es klare Gesetze und Vorgaben, Regeln und Strukturen. Eine meiner Stärken ist es, Menschen Mut zu machen und neue, kreative Ideen zu entwickeln. Heute kann ich meine überlaufenden Ideen in der Musik, in meinen Büchern oder in Vorträgen rüberbringen. Menschen mit meinem Optimismus, meiner Zuversicht und meinen Einfällen anstecken.

Heute nutze ich mehr von meinen Stärken, und meine Schwächen fallen weniger ins Gewicht.

Ich wünsche nun auch dir, dass du weißt, wo du hingehörst, ob in die Wüste oder in den Wald oder wohin auch immer. Dass du auf deine Stärken schaust. Die Welt braucht deine Stärken!

Und ich wünsche mir, dass du, wenn überhaupt, erst urteilst, wenn du genug über eine Person oder Sache weißt, und nicht vorschnell zum falschen Urteil kommst.

Herr Nilsson ist in der richtigen Umgebung. Da ist es gut, schlaksig zu sein, und ein langer Hals oder ein Höcker sind da nicht nötig.

*Erkenne, wo du stehst, wo du hinwillst,*
*dann mach dich auf und gehe in kleinen Schritten*
*auf dein Ziel zu.*

*So wie ein Satz eines Buches noch keinen Aufschluss
über seine Handlung oder Geschichte gibt,
genauso können wir Menschen auch nicht
nach einer ersten Begegnung richtig einschätzen.
Deshalb beurteile Menschen nicht,
solange du sie nicht kennst.*

# Nachwort

Alltägliche Erlebnisse und Begegnungen kommen und gehen, aber manche hinterlassen Fußstapfen in unseren Herzen. Vielleicht hat ja auch die eine oder andere dieser Geschichten dein Denken, Fühlen oder deine Sichtweise etwas verändert.

Wenn du auch in deinem Leben solche Erlebnisse und Begegnungen hattest, dann würde ich mich sehr freuen, wenn du sie mit mir teilst. Schreib mir einfach unter dem Betreff »Kellerreise« an ilona@deinemutmacherin.de. Ich bin schon jetzt gespannt auf deine Aha-Geschichten.

Nun hoffe ich, dass dir meine Geschichten ein wenig Mut gemacht haben, einfach du selbst zu sein, dein »Unperfektsein« zu genießen und in Zukunft noch mehr zu menscheln, einfach menschlich zu sein.

Ich wünsche dir Mut, wo er hingehört, Zuversicht und ganz viel Vertrauen in dich selbst.

Herzlichst Ilona

Mögest du deinen »Zweifler« immer mal wieder von der Schulter kicken und öfter deinen »Mutmacher« wahrnehmen.

# Danksagung

Ich möchte ein besonderes Dankeschön an ein paar Menschen weitergeben, die mich auf besondere Weise inspiriert haben:

Wiebke, Andreas, Annette, Beate, Dirk, Micha, Herzi, Sabine & Peter und Tanja Peters.

Und, auch wenn sie heute leider nicht mehr hier unter uns sind: meiner lieben Mama, Hendrik und Elke.

Danken möchte ich all meinen Freunden, die mich durch jede Phase meines Lebens begleitet haben. Besonders danke ich auch den vielen Menschen, die mich in dem geprägt haben, was ich heute bin, und von denen ich lernen durfte, ob bewusst oder unbewusst. Auch jenen Menschen, die ich nie persönlich getroffen habe, deren Weisheiten und kluge Zitate mich fürs Leben lernen ließen, bin ich dankbar. Autoren, deren Bücher mir in vielerlei Hinsicht die Augen geöffnet haben. Und natürlich all denjenigen, die mir bei diesem Buch geholfen haben. Besonders Birgit, meiner Fehlerjägerin, und Adriana, meiner »kleinen Künstlerin«.

# Die Autorin

Die als »Deine Mutmacherin« bekannte Autorin Ilona Friederici schrieb schon als Jugendliche leidenschaftlich gern Geschichten. Sie war in der Steuerberatung und später als Geschäftsführerin in einem internationalen Konzern tätig und lebt in Itzehoe, im Norden Deutschlands.

Nach ihrer zusätzlichen Ausbildung zur Heilpraktikerin für Psychotherapie, zur Sterbebegleiterin sowie einer Spezialausbildung zur psychoonkologischen Begleiterin unterstützt sie die Menschen dabei, wieder mehr Leichtigkeit und Zufriedenheit in ihr Leben zu bringen. Sie macht den Menschen Mut, ihr eigenes Potenzial zu erkennen und so zu leben, wie es für sie persönlich richtig und wichtig ist. Die leidenschaftliche Tänzerin begleitet an Krebs erkrankte oder in Krisen befindliche Menschen. Sie hält Vorträge und leitet spezielle Workshops zu den Themen aus ihren Büchern. Dabei bindet sie ihre große Leidenschaft, die Musik, und hier speziell das Gitarrespielen und Singen, meistens mit ein.

www.deinemutmacherin.de

Möchtest du ...

... deine Träume und Sehnsüchte entdecken und leben?

... mehr du selbst sein und in deine Kraft kommen?

... in mehr Leichtigkeit und Zufriedenheit leben?

Informiere dich über regelmäßige Veranstaltungen
wie zum Beispiel Seminare, Workshops,
oder musikalische Lesungen auf:

**www.deinemutmacherin.de**

Es erwartet dich eine unterhaltsame und lustige Zeit,
die zum Nachdenken über das Leben anregt.

160 Seiten, broschiert
ISBN 978-3-89845-673-9
€ [D] 12,00

Deine Mutmacherin – Ilona Friederici

## Die Reise zu mehr Leichtigkeit und Zufriedenheit

Möchtest du (wieder) in mehr Leichtigkeit und Zufriedenheit leben?

Ein solches Leben ist wie ein Puzzle. Dieses entfaltet seine volle Schönheit auch erst, wenn jedes einzelne Teil an die richtige Stelle gesetzt wurde. So ist es auch im Leben. Wichtige Puzzleteile wie Gedanken, Dankbarkeit, Herzenswünsche, Achtsamkeit, Abgrenzung, Selbstliebe und vieles mehr sind dabei ausschlaggebend. Aber wie setze ich diese praktisch im Alltag ein? Das und noch vieles mehr für ein glückliches und zufriedenes Leben lernst du hier in diesem Buch.

Komm mit auf die Reise zu mehr Mut und lerne, wie du das Leben leicht, mit mehr Optimismus und Zuversicht betrachten kannst.

176 Seiten, broschiert
ISBN 978-3-89845-664-7
€ [D] 12,00

Deine Mutmacherin – Ilona Friederici

## Hamanyalas – Weisheiten des leichten Lebens

Was ist wirklich wichtig?
Von einer Minute auf die andere ist auf einmal alles anders. Wie ein Kartenhaus bricht dein ganzes Leben in sich zusammen und nichts ist mehr, wie es einmal war. Du fühlst dich, als hätte man dir den Boden unter den Füßen weggezogen, und es scheint keinen Ausweg zu geben ... doch plötzlich entdeckst du die Hamanyalas – wertvolle Wegweiser zu dir selbst. Mit ihrer Hilfe findest du den Mut, dich selbst kennenzulernen, musst im Alltag nicht mehr nur funktionieren und erkennst, was du eigentlich möchtest.
Und auf einmal ist das Leben so viel leichter und schöner als zuvor ...

39 farbige Karten, mit Kurzanleitung, in Box
EAN 4260075280-32-5
€ [D] 25,00

Brigitte Nolting

## Wellness- und Aromaöle für jeden Tag

*39 Karten für die Anwendung ätherischer Öle*

Ob Verspannungen, Hautprobleme oder Stress, ätherische Öle können viele Beschwerden lindern. Sie entspannen, fördern die Gesundheit und streicheln die Seele.
Dieses Kartenset bietet Ihnen einen grundlegenden und einfachen Einstieg in die Welt der ätherischen Öle. Praktische Anwendungsbeispiele der Öle für Körper und Seele, als Raumduft oder in der Aromaküche machen Lust, die wirkungsvolle »Duftmedizin« selbst zu testen.

248 Seiten, gebunden
ISBN 978-3-89845-318-9
€ [D] 19,90

Gerald Jampolsky & Diane Cirincione

## Was uns das Leben lehrt

*Inspirierende Lebensgeschichten, die unser Innerstes berühren*

Nur wenige beherrschen die Kunst, spirituelle Weisheiten so zu vermitteln wie die Bestsellerautoren Gerald Jampolsky und Diane Cirincione. In diesem Buch benutzen sie die hawaiianische Tradition des »Geschichtenerzählens«.
Egal, um welches Thema es geht – Angst, familiäre Wurzeln, das Heilen des Körpers oder unsere Ansichten zu Leben und Tod –, durch alle Geschichten zieht sich ein einfühlsames Mantra spiritueller Schlüsselkonzepte.
In diesen berührenden Geschichten teilen die Autoren ihre spirituellen Erfahrungen mit uns und regen dazu an, dem eigenen Weg zu folgen.

192 Seiten, broschiert
ISBN 978-3-89845-544-2
€ [D] 12,95

Bärbel Mohr

## Der Skeptiker und der Guru

*Auf dem Weg zur eigenen Wahrheit*

Bärbel Mohr nimmt uns mit auf eine Reise nach Indien in einen Ashram. Dort begegnen wir einem Paar, wie es unterschiedlicher kaum sein kann. Er: Der Skeptiker, der den Guru als Verführer der Seelen entlarven will. Sie: Die Esoterikerin, die den Guru anhimmelt und sich der spirituellen Erlösung nahe glaubt. Beide berichten in ihrem Tagebuch über die Begegnungen mit dem Guru – wobei alles dann doch ganz anders wird, als ursprünglich erwartet ...
Ein wunderbares Buch, das uns zum Schmunzeln und zum Nachdenken bringt und uns einlädt, unser Weltbild einmal kritisch zu beleuchten.

128 Seiten, 4-farbig, wattiert, gebunden
ISBN 978-3-89845-499-5
€ [D] 12,95

Irene Lauretti

## Mit der Kraft deiner Hände

*Energieheilgriffe für schnelles Wohlbefinden*

Egal, wo Sie gerade sind oder wie viel Zeit Sie haben – Sie können Ihre Gesundheit jederzeit schnell und effektiv stärken, Beschwerden lindern und Ihre Energiereserven auffüllen.
Irene Lauretti zeigt Ihnen, wie Sie Ihre Selbstheilungskräfte mobilisieren. Alles, was Sie dafür benötigen, sind Ihre Hände. Durch sanftes Halten der Finger und das Berühren bestimmter Energiepunkte am Körper erreichen Sie jeden Bereich Ihres Seins. Die Heilgriffe geben Ihnen in jedem Augenblick genau das, was Ihr Körper und Ihre Seele gerade benötigen!
Erreichen Sie ab sofort einfach und schnell mehr Wohlbefinden, Gesundheit und Vitalität!

160 Seiten, 4-farb., geb.
ISBN 978-3-89845-623-4
€ [D] 16,00

Theo Fischer

## WuWei – Lebenskunst des Tao

*Nichts tun und alles erreichen*

Nicht mehr kämpfen, sondern im Strom der eigenen unendlichen Kraft leben – das meint WU WEI, wörtlich: nicht handeln, nicht eingreifen, sondern uns jener kosmischen Energie anvertrauen, die Laotse einst das TAO genannt hat. Das ist die Weisheit, die dieses Buch lehrt. Mit Übungen für den Alltag.

152 Seiten, 4-farb.,
Klappenbroschur
ISBN 978-3-89845-437-7
€ [D] 14,95

Nathalie Bodin

## Ho'Oponopono

*30 Formeln zur Lösung von Konflikten*

Entdecken Sie Ho'oponopono ganz praktisch für Ihren Alltag. Nathalie Bodin konzentriert sich auf das Wesentliche im hawaiianischen Vergebungsritual: die Lösung von Konflikten, wie dies in seinen historischen Anfängen der Fall war. Sie hat das ursprüngliche Ritual wiederaufgegriffen und an das moderne westliche Leben angepasst. Sie bringt uns Ho'oponopono nahe, indem sie uns an 30 alltäglichen Situationen zeigt, wie wir Konflikte erfolgreich mit der Energie des Verzeihens und des Reinigens auflösen können.
Entdecken Sie die Weisheit des Ho'oponopono, die auch auf jeden Konflikt in Ihrem Leben anwendbar ist!

# Notizen

# Notizen

# Notizen

# Notizen

# Notizen

# Notizen

# Notizen